上市风云录

THE ROAD TO IPO

GAN LU

甘露 著

SPM
南方出版传媒
广东人民出版社
·广州·

图书在版编目（CIP）数据

上市风云录/甘露著．—广州：广东人民出版社，2021.3
ISBN 978－7－218－14825－0

Ⅰ．①上…　Ⅱ．①甘…　Ⅲ．①上市公司—研究—中国　Ⅳ．①F279.246

中国版本图书馆CIP数据核字（2020）第261520号

SHANG SHI FENG YUN LU
上市风云录
甘露　著

出版人：肖风华

策划编辑：赵世平
责任编辑：赵瑞艳
责任技编：吴彦斌
出版发行：广东人民出版社
地　　址：广东省广州市海珠区新港西路204号2号楼（邮政编码：510300）
电　　话：（020）85716809（总编室）
传　　真：（020）85716872
网　　址：http：//www.gdpph.com
印　　刷：广东鹏腾宇文化创新有限公司
开　　本：890mm×1240mm　1/32
印　　张：9.25　　**字　数**：200千
版　　次：2021年3月第1版
印　　次：2021年3月第1次印刷
定　　价：58.00元

如发现印装质量问题，影响阅读，请与出版社（020－85716849）**联系调换。**
售书热线：（020）85716826

自 序

2020年10月份我参加了商学院“玄奘之路”的活动，在茫茫戈壁连续四天行走一百二十多公里。对于这次赛事我前期的准备可以说是很不充分的，自认为有些运动天赋，平时没有重视跑量的积累，结果戈壁的环境比想象中的更加复杂，气候也更加恶劣，尽管最终走完全程，但过程却十分痛苦。事后反思，缺少的是对戈壁的敬畏之心，每个人的体能情况或许平日里没有太深刻的体会，但上了戈壁后却瞬间拉开了距离。

“玄奘之路”如此，上市之路也一样。这些年来关于企业上市或者股权投资的话题被大众津津乐道，财经频道涉及企业敲钟上市的新闻也备受追捧，不过落入公众视野的更多的是上市成功后的光环，很少有人注意其背后的经历。然而上市之路并非坦途，如果对上市的整个过程和关键环节没有清晰的认知，很可能会陷入被动的局面，影响到上市的进程甚至最终的结果。

自进入投行领域以来我经历了众多的上市项目，在辅导企业上市的过程中深深感受到企业家的艰辛与不易，时常被问起什么样的企业才能上市，对投行而言，好公司不一定是好项目，好项目不一定是好公司，由于评判标准角度的不同导致了价值判断的差异。我一直想写本书复盘企业上市的整个过程，考虑到专业书籍的受众面相对有限，最终采用了小说的形式。书中所描写的企业从启动上市到最终完成花了近七年的时间，而现实中不少企业甚至十年上市未果。随着我国多层次资本市场改革的深入，为企业上市营造了良好的市场环境，但企业能否抓住市场机遇，在于是否做好了充分的准备，上市路上需要始终保持初心定力，谋于前才可不惑于后。

希望本书可以为上市路上的企业家以及对投行圈感兴趣的人士提供一些参考与启示。

目 录
Contents

引　言

舒影走到宴会厅外的露天阳台上吹风，顾函也紧跟着出来。

“怎么样？今日谈判的结果还满意吧？”

舒影回头见是顾函，将那被晚风吹拂起的长发捋到耳朵后侧，缓缓地说道：“这场收购谈判牵涉进来的人可真不少啊！”

顾函意味深长地说：“有时候牵涉进来的人多了，反而能让事情的进展更加顺利！”

舒影侧过身子靠在阳台的护栏上，望着远处感叹道：“是啊！当赢面很大的时候，得让事情尽量简单，变数越少，越好控制；而当赢面很小的时候，要让事情尽量变得复杂，当对手难以控制局面的时候，变数则是机会，趁乱翻盘，落子而定乾坤，顾总今日可是下了一盘好棋！”

顾函凝视着舒影，认真地说道：“今日下的是一盘和棋，难道不是吗？”

舒影转过身来若有所思地望着顾函，眼前的他究竟是谁？曾经的良师、挚友、知己，甚至恋人，而如今是对手还是伙伴？一切恍若隔世。

时光回到七年前……

第一章　初出茅庐

在 CBD 中心大厦的二十七层，舒影坐在办公位上等候面试，约好的面试时间是下午三点半，她提前几分钟到场后被文员安排在会议室外等待前一位候选人出来，虽然临近毕业，大大小小的面试轮番经历了不少，但投行面试还是第一次，她不免有些紧张。舒影打量着周围的一切，偌大的办公室除了接待她的文员外竟一个人也没有，办公位上整整齐齐地堆砌着文件夹或一些零散的纸质资料，周围的一切都显得很冷清。舒影的目光落在了座位桌角处一盒刚印好的名片上，盒盖是翻开的，她拿起上面的一张名片翻看着，天通证券的 Logo 十分显眼，上面印着“顾函：投行业务总监”。“顾函”这名字很特别，像是取自“顾北清歌寒”首尾两字的谐音，就不知是否真的人如其名了。

阳光透过玻璃窗照射进屋内，有些刺眼，舒影沿着光影投射进来的方向望去，对面正是“亚洲最大的电子产品集散地”，也是“中国电子第一街”——华强北。在深圳的华强北，几百米的街区集结了密密麻麻的电子商铺，送货的小拖车颠簸着吃力地来回行进，隔着远处似乎都能感受到那发出的阵阵“哐啷哐啷”的声响。华强北曾被贴上“山寨”的标签，被许多从事高科技和电子产品的人士嗤之以鼻，但这里确是一处神奇的地方，在那个年代流传着许多白手起家创造财富的故事，而民间的这些传说，大多并不是空穴来风。

“会议室里正在面试，稍等会儿，先喝点水吧。”

耳旁突然传来一个声音，舒影把目光从窗外收回来，赶紧将手中的名片放回原处，接过一杯还冒着热气的水：“谢谢姐姐!”

“叫我筱筱就好，大家都这么叫我。”筱筱是位典型的江南美女，笑起来两个酒窝很迷人，说话也特别温柔。

舒影迅速环顾了一下四周，虽显犹豫但还是开口问道：“请问……为什么办公室里都没有人?”

“大家都在外面出差呢，少则十天半月，多则一两个月回来一趟，不过回来也就是贴个发票报销，然后又拎着行李箱奔赴下个项目。”筱筱稍微停顿了一下，接着说道：“投行可是个辛苦活，成天出差不说，遇到项目报材料的时候熬夜加班都是家常便饭，很少女生干这行的。”

“那……”舒影正想着趁机向筱筱多打听些投行的情况，这时“嘎吱”一声会议室的门开了，一位西装革履的候选人走出来，筱筱快步上前和他交代一些事情后便把他送走了。筱筱回到办公室后冲舒影笑了笑：“到你了，祝你好运!”

会议室内椭圆形长条桌的一侧坐着两位面试官，看上去十分严肃，桌上摆放着厚厚的一摞简历。舒影小心翼翼地绕到面试官对面的位置坐下，其中一位面试官抬头瞟了舒影一眼，稍显不屑地说："是个女生啊，先简单介绍下你自己吧。"

"重点大学毕业，金融学硕士，通过注册会计师考试，之前有过一些实习经历……"

"这些你的简历上都有，谈谈你对投行的认识。"

以往应付其他面试准备的自我介绍，这两位面试官显然没有兴趣，舒影心想还好之前向投行的前辈们请教过，提前做了些准备，便继续说道："投行主要从事企业上市保荐与承销、企业重组、兼并收购、项目融资……"

"这些教科书上都有，我们想听听你自己对投行的认识。"

舒影心里一紧，下意识地将双手握在一起，手心直冒冷汗，深深吸了口气，尽力让紧张的情绪平复下来，大概过了几秒钟的时间，她鼓起勇气接着说道："投行实际上也是销售，只不过别的公司是卖产品，投行是卖公司，卖产品需要产品说明书，卖公司需要公司的招股说明书或募集说明书，对客户公司的价值挖掘考验投行的专业能力，能否把公司卖出去，并且卖个好价钱……"

"有意思！不过听上去更像是国际投行，在国内情况还是不太一样。"

"哈哈，她说得也没错，只是更多的是在谈方向，还不是现状。"

"如果向国际投行接轨，重保荐转为重承销，投行的核心竞争力也将大大发生变化。"

"不错！等到注册制真正推行的时候就真正考验投行的销售

能力了……”

舒影的话引起了两位面试官的讨论，尽管她听得云里雾里，不过气氛这么一活跃，反而让面试的氛围显得没那么紧张了。

过了会儿，其中一位面试官拿起摆放在桌前的简历又看了看，接着问道：“学金融，懂财务，在你看来，资产负债表、利润表和现金流量表这三张报表哪张更重要？”

舒影第一反应这是道陷阱题，于是在心底暗暗提醒着自己，无论说哪张报表更重要都不严谨，开放性问题千万不能走入死胡同，辩证地分析终归不会出错吧。

“资产负债表主要体现公司的资产实力，利润表主要体现公司的盈利能力，现金流量表则主要反映公司的现金活力。”舒影停顿了一下，稍稍抬头观察了一下两位面试官的表情，接着回答：“三张表整体反映了一家企业的财务状况。如果一定要说哪张表更重要，不同的行业有不同的特性。比如，新东方这样的教育培训机构，一般先收学费再上课，现金流和预收款都很充足，那么利润表就很关键了，因为利润表体现了公司将预收的学费转换成收入的效率；如果是房地产企业，资产负债表就更重要了，即使企业一年下来不卖房没有收入和现金流也没关系，账面资产更能体现企业的规模实力和持续扩张的能力；如果……”舒影朝窗外华强北的方向望了一眼，接着说道：“如果是电子元器件分销企业，一般都是轻资产，分销商采购额的大小和营业规模取决于备货和资金周转能力的高低，那么对现金流会比较重视。”

…………

后面又接着问了好几个问题，面试官的表情始终没有传递出任何明确的信号，舒影实在猜不透她的回答是否能让这两位投资银行家满意。

“好了，今天的面试就到此结束，后面等通知吧。”

舒影走到会议室的门口，突然想起了筱筱提醒的投行很少招女生，再说自己也没有投行的工作经验，心里琢磨着这次多半是来“陪面”的。想到这里，舒影将往外推出去一半的门又拉了回来，鬼使神差地转过身来，突然冒出一句：“如果有幸能进入投行，你们可以把我当男生用的。”

两位面试官不约而同地抬起头，诧异地看着舒影，不禁放声笑了起来：“放心，小姑娘，我们会综合考虑的！”

走出那栋大厦，舒影望着天空，阳光溢过指间洒落到脸上，明亮中隐约透着几分柔和。这里的天空显得格外高远，空气也特别清新。对她而言，深圳是一座充满阳光和希望的城市，她渴望被这座城市所接纳。

舒影和小玥住在一块儿，小玥是舒影的老乡，两人也是研究生同学，小玥从研二开始一直在深圳的一家银行实习，就等着拿到毕业证办理入职手续了。虽说小玥还在实习阶段，但也算步入了上班族朝九晚五的工作节奏，充实而有规律。每天下班回到家小玥总会跟舒影分享当天单位发生的新鲜事儿，小玥每次总是讲得眉飞色舞，而舒影也是听得津津有味，好生羡慕上班族的状态。

舒影面试完回去的时候小玥也差不多到家，小玥在银行上班穿着总是很讲究，每次出门都身着得体的西服套装，而小玥本身的性格却是大大咧咧，进屋后立即将脖子上的丝巾摘下，随手将挎包往桌上一扔，伸展着身子直直地躺倒在沙发上，惬意地伸了个懒腰，嘴里嘀咕着："怀念以前在学校无忧无虑的日子，可惜回不去咯……"忽然一个侧身坐起来，拉着舒影问道："对了，今天面试怎么样？面试官帅不帅呀？"

"你到底是关心我还是关心面试官啊？"舒影故意撇了一下嘴。

"当然是关心你了，不过传说中的那些投行精英个个都是高智商、高学历、高颜值，收入丰厚，衣着光鲜，出入各种高大上场所，求证一下嘛。"

看着小玥漫无边际幻想的模样，舒影忍不住拽了一下她的胳膊："你这是电视剧看多了吧，都是你脑补的画面。感觉……与其他面试相比，更加让人紧张，其他倒没什么特别的。"

"那你面试怎么样？有戏没？"

舒影看着小玥，迟疑了一下回答道："这……我也不知道，只是让等结果，其他也没说太多。"

"现在工作可不好找，像投行这样的地方大家都是削尖了脑袋想往里面钻的，如果……我是说如果你进不去的话，后悔当初毁约吗？"

舒影沉默了片刻回答道："没有什么好后悔的，既来之，则安之……"

小玥口中的"当初"是指舒影在学校校园招聘时的一段经历。几个月前舒影和一家银行在学校签订了就业协议，当时一起签协议的其他同学因工作落实而狂欢庆祝时，她心里却像压了块石头一样难受，她很清楚那份工作并不是她想要的，几经纠结，在签协议的当天晚上给对方公司的 HR（人事）打了电话，放弃了那份稳定的工作。因为这件事第二天她还被系主任叫到院系办公室狠狠地教育了一番，从毕业生应有的就业态度到学院为了学生的就业呕心沥血、殚精竭虑，再到如此草草毁约会造成用人单位对学校的不良印象等。不过在临走时，系主任语气瞬间变得温和，声音也压低了许多：“你也太冲动了，好歹先找到下家再拒也不迟啊，你看看现在的就业环境，有多少毕业生能找到自己真正喜欢的工作……”尽管系主任费了半天劲儿讲了一大堆的道理，舒影一句也没听进去，不过最后这几句话倒是听得真切，心里暖暖的，明白系主任的良苦用心，表面严厉，实则关心。每年高校的应届毕业生那么多，在那一纸协议面前又能拥有多少选择的权利？只不过舒影当时还抱有一丝希望，期待被上天所眷顾，能够选择一份感兴趣的职业，而不仅仅只是为了谋生。在拒绝了不少公司的Offer（录用通知）之后，她决定到深圳重新开始找工作。

投行面试后的第二天，舒影又参加了一轮笔试，笔试结束差不多也有两周时间了，一点消息也没有，她感觉每天都无所事事，无聊得只能在网上打发时间。

这天，舒影正在上网，突然弹出一个小窗“四川发生地震”，之前网络上各种虚假消息不少，她以为只是恶作剧，随手便把窗口关了，也没太在意。过了几分钟，小玥突然来电话：“四川地震了，手机信号中断，我已经联系不上家里人了，你赶紧试试……”舒影这才猛地意识到真的发生地震了。

舒影给家里拨打着电话，但始终无法接通。虽说老家距离震中的位置还有一段距离，但附近很多地方都震感强烈，再加上始终联系不上家人，舒影突然感到一股莫名的恐慌浸透到心脏，渐渐地蔓延至整个身体，空气仿佛凝固了一般，让人窒息得难受。

过了好一阵，小玥终于回来了。舒影无力的身体这时才感受到一点点久违的暖意。

“怎么样？还是联系不上？我周围四川的同事也是……听说新闻已经在实时报道了……”小玥进屋后鞋也来不及换就慌手慌脚地拿起桌上电视机的遥控器。

新闻中正在播报抗震救灾的消息，前方记者已经抵达地震现场，目前仍然余震不断。两人守在电视机前目不转睛地盯着屏幕上记者现场拍摄到的一组组震后的画面。

这是舒影第一次深刻感受到人类的渺小与无助。人无法与自然抗衡，面对大自然的威慑，理想和抱负显得那么苍白无力。

直到凌晨的时候，电话终于拨通了，家人平安也算是不幸中的万幸。舒影长长地舒了口气，紧绷着的神经终于可以放松下来。挂了电话后她呆呆地站在原地望着窗外，凌晨的街道很寂静，马路上的灯光很昏暗，偶有汽车驶过，随着车影的划痕消失在远方，一切又归于平静，对面的小区住宅只看到零星的几盏灯光。

“平安就好！赶紧去休息吧！”折腾了一天后，小玥满脸倦意地说道。

“或许我不应该来深圳……”

“什么？”也许是小玥太疲惫，又或者是因为舒影故意把声音放得很低，小玥并没有太听清楚舒影在说什么。“明天还得上班，我先睡了，你也别太晚！”小玥揉搓着迷糊的双眼，一边说着一边走进自己的房间。

舒影的思绪已在千里之外的家乡，电话那头一句“何时回家”，让她的心情久久不能平静。尽管一直以来她对外面的世界都充满了好奇与期待，但此刻心中却满是对家的眷念，而这种情愫从来没有如此强烈过。

地震后过了没几天，舒影接到系主任的电话询问工作落实情况，据说院系里同学们的工作基本都确定下来了。学校担心地震会影响到毕业生的就业率，正在组织各个院系统计。

投行面试完差不多过去两个月了，一直没有消息。另外两家用人单位不停地催促舒影回去签约，已经下发最后通告。家里也一再要求她赶紧把工作定下来不要再犹豫了。

舒影每天都死盯着手机，稍有动静就急切地拿起来，不漏掉任何一条消息，不过每次都很失望。她试图给筱筱打电话询问面试的结果，几次输入电话号码后又删掉，她始终没有勇气把电话拨出去，或许更多的是害怕被拒绝。时间在等待中流逝，信心渐渐被动摇，她开始怀疑当初的选择，也许放弃才是更好的决定。

月末星期五的下午，小玥像往常一样下班回到家，进屋后见舒影正在收拾行李。

“真的不再等等了吗?”

“不等了，四川的用人单位催得紧，学校还等着我答复呢。地震后家里虽说没事儿，我也得回去看看，刚好在成都工作离家也近，有什么事情也可以有个照应，同学又多，周末还可以聚聚……”舒影头也不抬地收拾着衣物，嘴里一个调儿地冒出一大堆的理由，不像是在回答小玥，更像是在说服自己。

收拾完后舒影拖着行李箱正准备往外走，小玥一把抓住她的胳膊，从她另外一只手上把手机抢过来，摊在手心上递到舒影面前："既然决定要走，也没太多顾虑了，还是去个电话吧，不留遗憾……"

舒影极力隐藏，却还是掩饰不住内心的矛盾与纠结。小玥说得没错，既然都要走了，又何必在意被拒绝呢。舒影看着平躺在小玥手心上的手机，沉默了……突然手机铃声响起，屏幕上闪动着一串陌生的电话号码。小玥催促道："快接接看！"舒影接起来，这一次竟然真的是投行录取通知的电话。

一切来得那么漫长，一切又来得那么突然……

六月的深圳时常伴随着台风，每场台风往往都有一个好听的名字，舒影入职报道那天恰好是 2008 年第 6 号台风"风神"登陆深圳的日子。"风神"顾名思义就是掌管风的神，在古希腊神话中，四大风神都是身负双翼，十分俊美，鼓起双颊就能吹出专属自己司掌的风。而现实中的"风神"却是残酷无情，似乎要将整个世界撕裂。在此之前台风对舒影来说只是个传说，而如今她却真真切切地感受到强热带风暴的威力，雨伞被风吹翻折坏，人在风中很难保持平衡，大树也被狂风吹得东倒西歪，摇摇欲坠，周遭的一切都在不停地呼啸、摇摆。

电梯门开了，舒影迈出电梯，双脚踩着刚刚灌进高跟鞋里的雨水，发出阵阵"呱唧呱唧"的声响，踉踉跄跄地来到办公室。一头长发被风刮得凌乱，全身上下淋得湿透，裤脚湿漉漉地紧裹在腿上，水珠顺着耷拉在前额的发梢往下滴着，她还不停地打着喷嚏，没想到上班的第一天竟然搞得如此狼狈不堪。

这时走过来一位年轻男子，见舒影这般模样忍不住笑道：

“哟，投管又新招了个小妹儿啊，人家林妹妹是从天上掉下来的，你……这是刚从水里捞起来的吧？”说着便把一叠发票递到舒影面前：“这发票帮我报销一下。”

投管？发票？舒影的脑子里冒出一连串的问号，傻愣着站在原地不知如何是好。

“什么新招的投管小妹儿，她是投行业务部门的。”筱筱走过来顺手把那男子手中的发票接了过去说：“她应该会分到曲总团队，以后你们就是一个团队的了。”

“嘿嘿，这么说以后我们就是一伙的了！”那男子掏出一张名片递给舒影。

舒影接过名片，那张名片很眼熟，原来他就是顾函！

第二章　金融危机

“风霜冷冽他眉目，时光雕琢他风骨，本红尘作客，惯悲欢离合，顾北清歌寒……”他看上去眉目俊朗，虽理智淡定，但丝毫没有词中的那份沧桑感。

舒影正浮想联翩，顾函突然问道：“这次地震家里影响不大吧？”

舒影抬起头一脸诧异地望着他，顾函忙解释道：“既然分到我们团队，你的情况我自然了解些。”

“你俩应该还是老乡呢！你这次能够顺利进投行，顾总可是帮着说了不少好话。”

听筱筱这么一说，舒影对顾函的亲切感油然而生。顾函指了指舒影手上那把被台风刮得支离破碎的伞，笑着说道：“台风天你就带这把伞？简直是赤裸裸地挑衅风神！记得一定要备把抗台风的伞，不然下次一起出去看项目被风刮走了，我可救不了你。”

舒影低头看着她那把可怜巴巴的遮阳伞，十分尴尬。

这时又走进来两个人，其中一个就是之前的面试官。面试官看到舒影，对一同进来的另一个人说道："老曲，她是新招进来的，以后就放你团队了。"

面试官口中的"老曲"看着也就三十多岁的样子，"老曲"走到舒影面前说道："我是曲建新，团队的负责人，你刚来先熟悉一下环境，不懂的可以问筱筱，另外……明天一早和我去拜访一家客户。"说完后转身将几页文件递给顾函，说道："上次一起去看的这家企业的财务报表发过来了，你看看。"顾函接过文件后以一目十行的速度快速扫了一眼便开始与曲建新讨论起来，大概意思是说报表数据与企业所属行业特点及业务模式不太匹配，有悖于商业逻辑，数据方面可能存在问题。几页报表数据竟引申出如此多的思考和讨论，舒影在一旁听着突然感到压力好大，心想领导会不会也把报表递过来让她当场分析，如果被领导问到会不会回答不上来……不过好在两人只顾着讨论，根本没工夫理会她，过了会儿，曲建新和顾函便一同走进了会议室。

筱筱安排好舒影的位置后，递给她一本一千多页的大部头的书，俗称投行"黄宝书"，是投行常用法律法规的合集，据说那些行走江湖的老投行们早已将这本投行秘籍烂熟于心。

筱筱带着舒影一边熟悉办公环境，一边介绍着投行的情况："在证券公司投行部门基本都是硕士以上学历，大部分人都拥有保荐代表人（保代）、注册会计师、律师资格，像面试你的投行部领导李纬山除了这些资格外，还是注册税务师、资产评估师。但是这些都不是最重要的，投行除了大领导外，只有两类人，保代和非保代，因此，保荐代表人考试被认定为是目前最有含金量的考试，当然难度也是可想而知的，一旦考试通过并且作为项目协办人签署的项目成功上市，就可以直接通到投行金字塔的顶端……”筱筱讲得绘声绘色，舒影听得瞪大了眼睛，来投行之前了解的只是些皮毛，没想到这里面竟有这么多门道。

面试舒影的李纬山是深圳部的负责人，下面有四个团队，曲建新是团队长之一，团队中曲建新和顾函是保代，也就是筱筱口中的投行金领，每个IPO（Initial Public Offerings，首次公开募股）项目都需要两名保代签字才能申报，而保代在证监会审核的签字项目数量受到严格限制的情况下，保代的人数直接关系到各家投行可申报项目的数量，也就是所谓的申报通道。金融猎头们早已嗅到了市场上的商机，保代们隔三岔五就能接到猎头的电话，频繁跳槽和转会在这个圈子里太平常了。在保代稀缺的年代，跳槽会获得一笔由下家支付的转会费，有些保代甚至连续跳槽以期不断获取高额的转会费收入，因此，业内也形成了默认的行业规则，跳槽获得高额转会费的同时需要和下家签订一定期限的协议，一旦提前离职将会承担一笔巨额赔偿。

团队除了曲建新和顾函外，其他主要成员还有林霏和肖劲平。林霏在会计师事务所从事了三年的审计工作，年初在一个项目上和曲建新有过合作，接触过程中曲建新见林霏财务功底不错、做事也很扎实，便将其收至麾下。后来各方中介机构见面寒暄时，会计师合伙人还时不时地自嘲一不留神又被投行给挖了墙脚。而肖劲平本科是学酒店管理的，毕业后在咨询公司做了一年的企业咨询，之后在重点大学读了个法学硕士，两年前跳槽到投行，他总是笑话自己跨度太大、不务正业，但这也不失为“曲线救国”，另辟新境。

报到后的第二天舒影被领导安排到了项目现场，是东莞的一家企业，建在镇上的工业区内。曲建新开车带着林霏和舒影来到企业，车子驶到厂区门口处被保安拦下例行登记，然后每人发了一张访问牌才放行。厂区是两层楼的厂房，建筑面积看上去挺大，其中二楼的一半作为办公用，其余都是生产车间。三人来到会议室的时候屋里已经坐满了人。

“唷，曲总来了，就等您了，来给我们指导工作!”一位身材魁梧、浓眉大眼的中年男子笑嘻嘻地迎上来。

“下了高速刚好遇到前面的车追尾，塞了会儿车，抱歉，让严董和大家久等了!”曲建新解释道。

“没事没事，多久都等!”严董笑着说道。

在座的除了企业的董事长严董、公司相关高管外，还有投行、会计师、律师三方中介机构的代表，会议主要讨论企业今年的业绩情况和申报安排。

“严董，今年公司的业务情况怎么样?”大家各自坐定后，曲建新首先问道。

严董叹了口气说：“唉，形势严峻啊！金融危机已经传导到国内，各国经济都开始出现不同程度的衰退，直接影响到出口，美元疲软，加大了人民币升值的压力，对出口贸易更是雪上加霜。本来上半年我们和国外客户谈了个大订单，结果前两天收到客户邮件说是对经济走势持观望态度，所有订单通通被董事局叫停了，现阶段主要以消化库存为主。我们企业 60% 靠出口，和老外做生意现金流好、回款快，可现在海外业务难做啊！隔壁有家玩具厂全部做外贸的，前几天关门了，拖欠工人的工资还没付清，听说工人们在组织上门讨薪呢。”严董端起桌上的水杯喝了一大口，把背部尽量往座椅后背上靠，让自己激动的情绪稍稍放松些，接着说道：“本来我们想趁着前几年业务发展还不错，到A股上市，这样企业发展也能更上一个台阶，可之前选择的中介机构太不靠谱，没什么上市经验，让我们企业吃了大亏，白白错过了上市的最佳时机，现在又重新找到在座的各位来共同推进。如果当时可以顺利上市的话，我们目前的处境也不至于这般艰难，说不定还能趁着这轮经济下滑在市场上收购些便宜的资产……”说到这里严董无奈地摇晃着脑袋：“不说了，不说了，现在已经是自身难保了，还想啥收购的事……”

曲建新皱着眉头听完后，淡定地说道：“目前的形势确实比较艰难，这次金融危机关键是要熬过去。危机，既是危险也是机会，整个行业日子都不好过，行业洗牌后小企业淘汰出局，留下来的企业会有更多的市场机会。与同行业的公司相比，严董应该还是有信心的吧？”

国内那些所谓的竞争对手，严董素来不放在眼里，此刻被曲建新这么一问，自然不能丢了底气。他将原本靠在座椅后背略显蜷缩的身体尽量往前倾，坐得更直立些，似乎这样会让他更加有信心。“曲总说得没错！关键就是要熬过去！一旦熬过去了就有更多的发展机会！我们不像那些专门给国外品牌做代工的，都是OEM（Original Equipment Manufacturer，原始设备制造商），没有什么技术含量，我们有自己的研发团队，研发技术在同行业也是领先的，尽管出口贴牌，但也是 ODM（Original Design Manufacturer，原始设计商）。目前是大环境不好，但与同行相比我们还是很有竞争力的！”

曲建新接着说道：“经过这轮调整，行业集中度会进一步提升，对有实力的企业而言也是一次难得的机遇。不过敏感时期公司对内对外都不要传导过多的负面情绪，国外大客户的订单情况对外口径统一为客户延迟下单而非终止订单，安排专人对接并及时沟通客户的最新动向。另外，国内市场一定要加大力度开拓，回款催收也要做好！”

“这没问题！我会后就去安排！”严董回应道。

“所以，大家都不必太悲观，上市准备工作我们继续推进，如果今年业绩影响不大，还是按计划申报；如果影响严重，申报时间可以往后推，以时间换空间嘛。今年的主要任务还是尽量把业务做好，这才是最关键的……”曲建新继续给大家打气，整个会场氛围比刚进来的时候好多了，显然这碗鸡汤还是有效果的，接着大家开始聊项目细节和具体工作。

快散会时，曲建新把舒影介绍给大家：“我们这边舒影会在现场工作，相关情况可以和她直接沟通。”舒影心里一紧，她可从来没有做过项目，但领导已经安排了只好硬着头皮答应。

和企业道别完上车后，曲建新透过中央后视镜察觉到坐在后排的舒影脸上浮现出的焦虑和不安，便开导她：“做投行主要看悟性，回头我给你拷贝一套其他项目完整的申报材料你自己学习，不明白的地方可以提出来讨论。在投行有压力很正常，如果在项目上感受不到压力，只能说明角色还没有到位。投行平台不错，接触的都是企业的高层，但挑战也是不言而喻的，在这个行业必须每天都保持学习的状态，八小时之外定胜负，谁付出得多，谁就会成长得更快……”

曲建新说得没错，投行确实是充满挑战的行业，但也是能让人快速成长的行业。

在回程的路上，舒影一路观察，路边很多电子厂、设备厂看上去都不怎么景气，有些厂区的门关得死死的，几乎都看不到工人的身影，十分萧条，看来金融危机对国内实体企业的影响确实很大。

接下来的两个月舒影便在东莞的项目上待着，中介机构工作的办公室正是开会的那间会议室，会计师和律师也安排了一两个人在项目上，投行之前是林霏在现场，现在换成了舒影。厂区工人有好几百人，分布在各条生产线，每个人负责一道工序其中的一个环节。舒影实地考察了企业所有生产线的运作，工人们的动作十分娴熟，工作时间基本都在重复同一个动作。舒影在心里默默盘算着如果按每两秒一个动作计算，就算工作八小时，一天同一个动作就要重复将近一万五千次，想到这儿不禁打了个寒战。

舒影与会计师、律师住在距离厂区五公里外镇上的一家酒店，这家酒店已经算是当地最好的酒店了，企业安排了一辆小车早晚接送。厂区与酒店之间的这段路程时不时有泥头车或大货车驶过，一路上尘土飞扬，中间有一小段凹陷的泥土路，遇到下雨的时候车子驶过泥泞的路面，泥水溅满车身，那辆小车从来都是灰头土脸的，从车窗基本望不到外面。镇上住的大多是从外地来打工的，周边有很多工厂，好些打工的年轻人不愿意住厂区宿舍便约着到镇上租房。小镇的治安并不是很好，听说林霏在这边住的时候因为酒店没有健身房，晚上只能在外面跑步，结果刚出酒店手机就被抢了，不过大家谈论起这些事儿已是见怪不怪，只是互相提醒为了安全起见晚上最好不要出门。

回到酒店后舒影便接到小玥的电话，听说舒影要在外面待上一段时间，小玥好奇投行出差是怎样一种状态，舒影只是轻描淡写地带过，这第一次出差的境况估计与小玥脑补的画面相去甚远，还是给她留些悬念吧。挂了电话后，舒影打开电脑，看着那一大堆的资料还有厚厚的“黄宝书”，正好利用晚上的时间好好消化。

九月的深圳，刺眼的阳光毫不留情地炙烤着一切，舒影在会议室整理着资料，窗外偶尔有卡车装卸货物，旁边的钣金车间不时发出咚咚的声响。这时，桌上的手机铃声响起，是筱筱的来电。

“李总让我通知你，明天下午四点来趟办公室。”

“哦，好！知道是什么事情吗？”

“这个……我不太清楚。”

李纬山正是面试舒影的投行领导，自从上次面试完后他们再没有正式地面谈过。

第二天下午舒影提早来到办公室，办公室走廊上方挂着的电视屏幕上正播报着财经新闻。

“拥有一百五十八年历史的美国第四大投资银行雷曼兄弟在美国联准会拒绝提供资金支持援助后提出破产申请，而在同一天美林证券宣布被美国银行收购，美国的次贷危机迅速演变成一场来势汹汹的金融风暴。相关人士认为，二战后最严重的全球性金融危机和经济衰退随即揭开序幕……”

“金融业也要大地震啰!”

听到“大地震”三个字舒影心头一震，抬头一看是顾函，顾函指了指电视屏幕：“形势不乐观啊，行业估计快进入寒冬期了……”

过了会儿，李纬山走过来：“舒影到我办公室来一下。”

李纬山的办公室是一间玻璃房的隔间，房间布置比较简单，投行人经常出差在外也不太在乎办公室的排场，客户拜访一般也在会议室接待。舒影在李纬山办公桌对面的座位坐下，趁着坐下的瞬间偷偷瞄了一下李纬山，他的表情依旧还是那么严肃。

“来投行有段时间了吧，感觉怎么样?”

“感觉……有太多的东西需要学习。”

“投行一般都是招在会计师事务所和律师事务所有工作经验的员工，这样项目上可以直接上手，刚毕业的学生在实操经验上和其他人还有很大的差距，大家都很忙也没有那么多时间教你。”李纬山停下来，若有所思的样子，过了会儿接着说：“美国次贷危机引发的全球金融危机相信你也关注到了，对中国实体经济的影响也开始逐步释放，很多企业的日子都不好过，这种影响后续还会继续发酵，对投行的业务也是不小的冲击，你现在还在试用期，要提前规划另做打算。”

舒影听得有点蒙，半天才从嘴里蹦出几个字，声音低得连她自己都听不大清楚。

“您的意思是……我试用期满后不能留下来吗？”

“嗯！”李纬山的回答简单得不能再简单。

“可是，我来投行才两个多月的时间，这段时间在项目上主要是做企业的股改工作，企业和会计师、律师各方面我都协调得很好，项目也在正常推进。我刚刚毕业，经验上确实跟其他人有差距，但是我学习能力很强，我自己会花时间去学，而且不会占用到工作时间，只要再给我些时间我一定可以证明自己……”舒影语速比平时快了许多，显得有些急促。

“公司已经决定了，如果有其他需要帮忙的，可以提出来。”

李纬山完全没有给任何机会的意思，舒影死死地咬住嘴唇，将眼底泛起的湿意一点一点地逼回去，声音微微颤抖，挤出了最后三个字：“不用了！”

舒影回到自己的座位上，脑子一片空白，不知道该做什么，原本还有项目上一大堆的事情需要处理，从眼下的情形看来也没有必要了。

这时，曲建新走过来：“李总找你谈过了？”

舒影站起身来，情绪低落地说道：“谈过了。”

曲建新安慰道：“女孩子没必要来做投行，投行整天熬夜加班老得快。大家都在深圳，以后有时间可以聚聚。”

舒影实在不知道该如何把话接下去，只是勉强点了点头。

在办公室里待着实在难受，过了会儿，舒影拽起放在桌上的包便往外走，在下楼的电梯间里接到了学校辅导员老师的电话。

“舒影，听说你去深圳了，工作都落实好了吧，赶紧把档案调过去啊，现在已经九月了，再不调档，学校是不负责保管的。”

“呃……好！”舒影有气无力地回答。

出了那栋大厦，原本晴朗的天空忽然阴沉下来，乌云密布，瞬间下起了大雨，深圳这个季节的天气总是阴晴不定，一股潮湿、阴冷的空气迎面袭来。

第三章　转机

舒影站在雨中，平日里觉得满大街都是出租车，可此刻当她急切期盼时却根本看不到空车的影子。有很多东西就像故意作对似的，不需要的时候比比皆是，而需要的时候却销声匿迹。终于有辆出租车停在了前方，她不顾地上的积水急忙跑过去，正要上车时听到身后有个声音在叫她的名字，这时肖劲平匆匆赶过来，急切地说道："嘿，舒影，回家吗？这个点打车挺难的，跟你顺路正好捎我一段呗。"舒影不好拒绝，于是他们上了同一辆出租车。

"上个周末是中秋节，在哪儿过的呀？"

"在家。"

"没安排出去玩玩？"

"没安排。"

肖劲平见舒影不怎么想说话，也没再继续追问。舒影托着下巴侧脸望着车窗外，尽管雨水模糊了视线，但朦胧中也能感受到深南路两旁高楼林立、绿意盎然的景象，每间隔几米的路灯栏杆上都挂着大大的红色中国结，这个城市永远都是张灯结彩、披红挂绿，常年都如同过节一般。这个点是下班高峰期，路上行驶的车辆很多，车速自然也放缓了下来，走走停停，时不时还传来几声鸣笛声。不过对舒影而言，时间好像静止了一般，平日里觉得刺耳的阵阵鸣笛，似乎也只是从她的世界淡淡飘过。等肖劲平下了出租车后，舒影的眼神一点点暗淡了下来，终于不必再佯装坚强，也无需极力掩饰那无助的表情。

到了目的地，舒影在包里没有找着钱包，再仔仔细细把包里里外外搜了一遍还是没有，真是屋漏偏逢连夜雨，一定是走得着急把钱包忘在办公室了。在没有微信和支付宝的年代，现金还是出租车唯一的支付方式，舒影难为情地说道：“师傅，真是抱歉，我钱包忘带了……要不留件东西在这儿我上楼去取钱。”舒影的包里除了手机、电脑外就是投行黄宝书，手机、电脑不能留在这儿，那本厚厚的投行黄宝书舒影整天当个宝贝似的走哪儿都带着，但对出租车司机来说无非就是论斤卖的一大堆废纸。司机侧过身来往舒影的包里瞟了一眼，摇晃着脑袋挥了一下手说道：“算了算了，今天算我白拉了。”舒影不好意思地连声道歉，执意让司机留下联系电话。

回到家里，舒影没有换鞋便直接躺到了沙发上，自从进入投行后，两个多月来她的神经无时无刻不紧绷着，从不敢懈怠，而现在整个人都松弛下来了，感觉无所适从。家里来电话，舒影草草应付了几句便把电话挂了，此刻她只想一个人静静地待着。

晚上小玥回来的时候，见家里黑乎乎的以为没人，开灯后发现舒影躺在沙发上不由得吓了一跳。

“哇！有你这么吓人的吗？”

突然照射来的强光让人睁不开眼睛，舒影不由自主地用手遮掩着灯光。

小玥走近了见舒影状态不对，关切地问道：“这是怎么了？”

舒影缓缓地移动了一下手指，透过指间的细缝，强睁开双眼，有气无力地说道：“失业了……”

“失业？”小玥惊讶道：“你不是这个月就可以转正了吗？”

“领导找我谈话了，三个月的试用期满后留不下来。”

“为什么？”

舒影这才坐起身来，说道：“因为金融危机、股市大跌、新股破发……”说到这里舒影突然停下来，转过身来望着小玥说道：“我怎么忽然觉得，我要不失业简直是天理不容。”

“可是……这些和你有什么关系？”

“因为这些事件预示着金融业就要大地震了，投行即将步入寒冬期，估计很多公司到年底都要裁员，更何况像我这样还在试用期的。”

小玥叹了口气，说道：“这次金融危机对就业的影响确实挺大，听说之前有好几个在证券公司实习的同学最后都没能留下来。我们这届毕业生运气真差，全球经济都不好，国外金融机构在裁员，很多留学生选择回国就业，而国内就业形势也这么严峻，那……你打算怎么办？”

“已经九月了，各种招聘差不多都结束了，再加上金融危机，估计很难找工作，要怪只能怪自己时运不济……”

听舒影这么一说，小玥也不知道该如何安慰了，过了会儿小玥把舒影从沙发上硬拉起来。“走！别想那么多了，咱们泡吧去!”舒影想想也好，至少能够让她从这灰暗的现实中暂时抽离出来。

两人来到酒吧，玄幻的灯光、劲爆的音乐，还有一群充满激情的年轻人，在这里除了音乐之外其他声音都消失了，整个人也渐渐放松下来。舒影突然感觉肩膀被人拍了一下，扭头一看竟是顾函和肖劲平，于是四个人便凑到了一桌。由于酒吧很吵，基本听不太清楚说话的声音，大家只顾喝酒，差不多到凌晨时分才离开。出了酒吧后，顾函叫了辆车将舒影和小玥送到小区楼下才和肖劲平掉头离去。

第二天是星期六，小玥约了同事一大早就出门了。也许是心情不好的原因，再加上酒精麻痹的作用，舒影浑浑噩噩地睡了很久，忽然手机铃声响起，她这才扒开被子，强睁开双眼，从床头抓过手机，一看是顾函的电话。

“昨天下午见你从公司走得匆忙，晚上又去酒吧，听肖劲平说你心情不是很好，不会是遇到什么事儿了吧?”

舒影感觉头脑昏沉，慢慢回想起昨天发生的一切，便把事情的经过告诉了顾函。顾函沉默了片刻说：“你可以尝试……联系一下公司领导何煜坤。”

舒影坐在床边，双手撑着床沿，感觉还是有些头晕，自己都不记得昨晚到底喝了多少酒。过了会儿，她起身冲了些蜂蜜水醒酒，一边揉着太阳穴一边琢磨着顾函的话。

何煜坤是公司总经理并分管投行，平时来深圳的时间不多，舒影并没有见过何煜坤本人，只是听其他同事提起说他很有威严，对下属要求也十分严格。

舒影回想这几个月来所经历的一切，虽然进入投行的时间很短，不过也很感激试用期的机会。她很清楚朝九晚五、稳定规律的工作并不适合自己，这段时间的投行经历让她更坚定了自己的选择，即使因为市场环境的原因暂时离开，终有一天她还是会回到这个行业。

如此一想，倒也放轻松了很多，她从公司通讯录系统中查询到了何煜坤的邮箱地址，开始给领导写邮件，汇报试用期的工作情况，个人对投行工作的所感所悟、所思所想，写完后又字斟句酌地看了好几遍，才鼓起勇气点击了邮件发送。

合上电脑后舒影长长舒了口气，领导每天邮件堆积如山，像这样的邮件发出去多半都是石沉大海或者直接被筛到垃圾邮件中，不过这些已经不重要了，她并没有奢望事情有任何转机，只是尽人事听天命罢了。

离试用期结束还剩最后几天，舒影按正常的上班时间去公司上班，遇见同事也像往常一样，好像什么都没有发生似的。东莞的项目现场也不用再去了，正好在公司整理一下手头没有完成的工作以便后续交接。

舒影正在办公座位上整理资料，李纬山走了过来："舒影，你到我办公室来一下。"

舒影突然紧张起来，李总这个时候找她，不知道是否与周末发的那封邮件有关，难不成李总知道她发邮件的事情了？她瞬间有些后悔。不过转念一想，反正都要走了，一切都无所谓了。

舒影深呼吸缓解了一下自己紧张的情绪，走进那玻璃隔间的办公室：“李总早!”

“坐吧!”李纬山客气地说道。

舒影轻轻地坐下，头一直低着，像是犯了错的孩子，不敢正视李纬山的眼睛。

“投行虽然以招聘有工作经验的员工为主，但也要培养一些优秀的毕业生，我们综合考虑了一下，你这段时间表现不错，希望你能够留下来。”听到这里，舒影抬起头来用诧异的目光望着李纬山，过了好一会儿才缓过神来：“如果有机会，我当然愿意留下来。”

李纬山见舒影答应留下，便接着说道：“在团队中要找到自己的价值所在，专业的积累既要广更要精，比如说专攻财务，那么不仅在本团队中，在别的团队也要树立起自己的品牌，一提到和财务相关的专业问题就能够想到你……领导安排什么就做什么，这只是一个好的员工，但要寻求职业的发展，必须要主动去参与项目，提出自己对项目的看法，别人不会拒绝善意的帮助……各家拟上市企业质地有好有坏，复杂程度不一，难易有别，有些项目甚至涵盖了中国国情转变的整个过程，给企业把脉最重要的是要找出问题，只有找出关键问题才能提出最有效的解决方案，对症下药……在项目上，要把自己放到比现在更高的位置来看待问题、分析问题，只有这样才能促使自己快速进步，并且让别人认可你……”

印象中这是入职以来最长的一次谈话，这种亲切感让舒影有些不习惯，甚至有些不太真实。谈话快要结束时，李纬山又补充了一句：“在投行，女生要做到和男生一样，注定要付出更多！”

“我明白！谢谢李总！”

舒影回到座位上，百感交集，这段时间以来的心情就像坐过山车似的，时而欣喜若狂，时而惶恐不安。原本做好了最坏的打算，没想到最后还能峰回路转。不过她心里很清楚，如果要在投行立足，必须尽快证明自己的能力。

“事情有进展了吗？”耳旁传来一个熟悉的声音，舒影回过神来，冲顾函点了点头。

顾函环视了一下四周，放低了声音说：“下楼去喝杯咖啡。”

两人来到楼下的咖啡馆，找了处安静的位置坐下。

落座后顾函说道：“我曾在美国待过几年，养成了喝咖啡的习惯，尤其是最近这几年在投行，每天头一件事情就是喝上一杯咖啡，不然总会觉得这一天少了点什么。”顾函端起桌上还冒着热气的咖啡轻轻抿了一口，问道：“你那边情况怎么样了？”

“李总同意我留下来了，不过……”

“不过……你担心后面还会有其他变数？”

舒影惊讶地望着顾函，没想到顾函一眼就看出了她的焦虑。

顾函微笑着说道：“投行项目的周期很长，一个 IPO 项目少则两年，多则四五年，有些甚至更长，这还未考虑监管方面政策因素的影响；重组项目从接洽、谈判、到方案实施也要不少时间，好多时候双方公司没谈到最后就闹分手了，项目进度不可控因素实在太多；再融资项目相对快些，但要看领导对项目的分配和安排。”

“自从2004年保荐制实施以来，企业上市需要两名保代签字推荐，保代自然成为稀缺资源，一个IPO项目成功上市后投行的收费至少在千万级，而挖一个保代也就过百万元的转会费，保代在投行之间的流动在业内已是一种常态。不过能进投行的基本都是重点大学甚至名校毕业，学习能力和专业基础都不差，而保代考试每年的通过率却很低。一方面，考试难度很大，十几本专业书涉及财务、法律、金融等各个领域，那本砖头厚的投行黄宝书只是其中的一本，考试内容都是实例分析，考的是知识点在实际操作中的运用能力，死记硬背法规条文是很难通过的，需要一定的项目经验积累；另一方面，投行各种出差，工作压力已经很大了，还要挤出时间看书，需要投入大量的精力。当然，这样的制度红利未来可能会取消，不过保代考试目前还是国内最有价值的考试，也是通向投行金字塔塔尖的一条捷径。”

顾函的这番话触发了舒影的思考，在市场环境如此糟糕的情况下，对舒影来说，保代考试可能是自己唯一可以把控、短期内可以见成效的考试。考试在年底进行，算下来差不多还有三个月的时间。下定决心后，舒影白天在东莞项目上处理企业的事情，晚上回到酒店熬夜看书，这样的日子虽然辛苦，但终归让人感觉能看到希望。

时间一天天过去，舒影除了工作和备考外，两耳不闻窗外事，恨不得把一小时掰成两小时用，把投行黄宝书中的重点法规看了无数遍，各种颜色的批注密密麻麻。

但就在临考前一个月，报名公告中报考条件较往年出现了一些变化，以往只要是投行从业人员都可以参加考试，而新的报考条件要求报考人员从事投行相关业务两年以上。消息一出，整个行业一片哗然，报考条件的变化意味着投行从业不满两年的人不再具备考试资格，而舒影试图短期内通过考试来证明自己的希望就此破灭。

而就在此时，A 股经历了 6124 点的高位疯狂之后一路下行，整个证券市场暴跌。至 2008 年 12 月股指最低跌到 1664 点，IPO 进入史上第七次暂停。也就是说，投行的 IPO 业务将进入一段长时间的空窗期，至于什么时候能够重新启动没有人知道。而金融危机对实体经济的影响还在继续蔓延，很多制造型企业都在缩减订单、消化库存，有些甚至开始裁员。东莞的那个项目也未幸免于难，各方中介机构讨论后决定项目暂停，上市申报计划待定。

春节假期舒影回了趟老家，在节后回深圳的飞机上，舒影推开窗户的遮阳板，看着窗外云卷云舒、变幻莫测，这是她第三次来深圳了。第一次来旅游充满好奇与期待，第二次来找工作满怀激情与信心，而这次感觉眼前一片茫然。舒影回想着这半年来所经历的一切，因为执着，来到深圳；因为执着，进入投行；也很可能因为执着，离开这里……

第四章 项目接洽

由于 IPO 暂停，项目现场的工作并没有那么急迫，回办公室的人也较以往多了不少。对投行而言，领导回办公室如果看不到几个人，说明大家都在外出差，要么跑客户，要么做项目；但如果办公室里大家都坐得整整齐齐的，那么只能说明业务惨淡，毕竟投行项目不是坐在办公室里就能做出来的。春节后连着两周的时间办公室都坐满了人，李纬山终于按捺不住了，召集大家召开部门会议。

深圳部四个团队所有人都参加了会议，先由团队长分别汇报各团队正在执行的项目情况，已经报到证监会的项目基本都处于暂停状态，而在辅导期还未申报的项目很多受到金融危机影响业绩都出现不同程度的下滑。李纬山仔细听着大家的项目汇报，眼睛微闭，眉头紧蹙，托着下巴若有所思，偶尔插话询问项目的一些具体细节。

等大家都汇报完后，李纬山环视了一下全场，清了清嗓子说道：“整体来看，大部分项目还是在正常推进的，政策层面的因素不可控，但绝不能成为业务懈怠的借口。你们在项目争取的时候要正确引导客户的预期，熊市准备、牛市发行。对很多刚刚接触资本市场或者是刚刚有上市打算的企业来说，现在反而是难得的机会，如果审核没有暂停，他们的竞争对手已经申报上市材料，甚至可能很快就能发行上市，竞争对手上市后企业间的差距一下子就拉开了，最终可能直接被上市公司吞并，所以 IPO 暂停反而给了他们一个喘息的机会，这也是我们开拓新客户的一个契机。

“金融危机虽然对实体经济造成了不利影响，但我们也要看到还有很多优质企业是没有受到金融危机影响的，成长性也表现得相当不错，下一步我们要重点开拓这类客户。另外，最近在传创业板有可能今年开闸，我们务必要做好准备，否则没有足够的项目储备，等到 IPO 重启或者创业板真正破茧而出的时候就会措手不及，输给其他投行。”

李纬山做完部门会议的指示后，对具体项目逐个分析安排工作，在讨论各团队新项目开拓时，轮到曲建新团队汇报工作，曲建新说道：“开会前顾函倒跟我提过一家不错的企业，深圳达鹏科技正在筹划上市。”曲建新稍显犹豫，停顿了一下，接着说道：“不过这家企业和天域证券接触了好几次，已经谈得差不多了。”

李纬山将目光落到顾函身上：“说说项目的具体情况。”

顾函将原本向后微倾的身体立刻坐直，右手握着一支笔放在摊开的笔记本上，随时准备着汇报工作的同时记录领导的指示。

“李总，根据我目前了解到的情况，深圳达鹏科技这家企业从华强北起家，一开始做电子元器件销售，后来转型做电力系统的相关配套设备，目前在行业内已属于龙头企业，由于业务都在国内，受金融危机的影响相对较小，这几年业绩始终保持增长的态势。这家企业目前也在筹划上市，董事长新招了一个董秘来负责企业的上市工作，董秘叫……对，叫何平，从另一家上市公司跳槽过来的，应该是一个职业董秘，对资本市场有些了解，何平和天域证券的关系不错，推荐天域证券到企业去过好几次……”

李纬山打断了顾函的话问道：“这个项目你通过什么渠道联系上的？”

“我之前和华睿律师事务所有过业务上的合作，达鹏科技IPO 项目华睿律师事务所的律师正在跟进，知道项目的一些情况，但目前我们还没有去正式接洽。”

“天域证券和这家企业已经签合同了吗？”李纬山问。

顾函迟疑了片刻，说道：“应该还没有。”

听了顾函的回答，李纬山坚定地说道：“金融危机背景下还能保持增长的好项目不多，既然还没有签合同，这个项目就要全力以赴尽量去争取，需要公司提供的任何支持与我或者建新沟通。”

见李纬山表态了，顾函马上回应道：“我一定尽力把这个项目争取过来。”

散会后，大家陆陆续续离开了会议室，顾函把舒影叫住：“嘿，最近不忙的话协助我跟下达鹏科技这个项目吧！”

舒影一听有项目可以参与，立刻兴奋起来：“没问题，听你安排!”

顾函将桌上的笔记本合上，跟舒影交代后续的工作：“你先研究下这家公司的情况，等我通知。”

过了几天，舒影接到顾函的电话，让她星期六早上到红树林海滨公园晨跑，说还有达鹏科技的财务总监一起。

红树林海滨公园与香港隔海相望，是一个海滨生态公园，每天早上都有很多人来到这里，或是沿着海边晨跑锻炼，或是迎着海风骑行休闲，还有一些摄影爱好者专门在这里守候清晨的第一缕阳光。舒影一大早来到红树林海滨公园，站在海滨长廊上，晨风微微吹来，雾气渐渐消散，感觉十分惬意，此时太阳慢慢升起，天边红霞晕染，色彩层层散开，对面香港新界的山峦上镶上了光亮的金边，整个世界显得越来越透亮。

这时顾函与另外一名男子慢跑过来，两人脸色有些泛红，皮肤上渗透着细小的汗珠。显然他们已经沿着海滨长廊跑了很长一段距离。与顾函一路的男子便是达鹏科技的财务总监陈安泰，看着四十出头，个头不高，但显得十分精神，一看就是平时很注重锻炼的。两人停下来，顾函招呼着大家认识：“这位是达鹏科技的财务总监陈总，和我都是跑步爱好者。”然后回过头来看了一眼舒影介绍道：“这是我们投行团队的舒影，我老跟她说小姑娘周末也别总窝在屋里，多出来晒晒太阳，好好感受这清晨的大好阳光。”舒影热情地与陈安泰打招呼，陈安泰乐呵呵地回应着。

顾函和陈安泰估计也锻炼得差不多了，三人便沿着海边，一边散步一边聊天。

顾函借着跑步的话题问道：“陈总经常来这里晨跑吧，坚持多久了？”

提到跑步，陈安泰感觉话题特别亲切，说道：“我跑步坚持有十来年了，刚开始只是为了锻炼身体，但没想到坚持下来后，跑步竟成了一种生活习惯。我差不多每周跑三次，每次跑十公里左右，这样一个月下来差不多能积累一百二十公里的跑量。”

顾函认真地听着，时不时点头表示赞同，回应道：“那你坚持得很好，我来深圳差不多五年了，只要不出差都会来这里晨跑，不过算下来出差的日子比跑步的日子多多了。”顾函苦笑了一下，叹了口气接着说：“像我做投行，平时工作压力大，跑步确实可以减缓压力。如果我一个人跑步一般会边跑边听音乐，在音乐的带动下不管什么烦恼都可以抛之脑后，尽情享受跑步带来的快感。”

顾函的话似乎让陈安泰产生了共鸣，表情略显激动地说道：“不错，当不顾一切地坚持跑完，仿佛能够感受到有股强大的力量从身体的深处迸发出来，就是这种快感！”

两人相视而笑，互相点头表示赞同，话匣子也进一步打开了，顾函接着说：“陈总，你之前也在美国待过，铁人三项运动是否都很擅长？”

陈安泰笑着摇了摇头说道：“以前读书的时候游泳比较多，回国后很少游泳了，而自行车对场地要求很高，确实也不太方便。”

“那其他运动呢？比如羽毛球这类的运动？”顾函接着问。

“在深圳，羽毛球确实是一项比较普遍的运动。不过我不太适合团体竞技类的运动项目，长跑一类的运动更适合我，关心是否达到自己事先设定的目标，更确切地说是战胜自我，而不关注比赛的输赢。”

顾函见谈话有了突破口，不失时机地感叹道：“有时候运动就像是做企业，长跑的目标设定就是企业自身的发展规划，不过从整个行业和市场格局来看，做企业更像是团体竞技类的比赛，而这个时候输赢就至关重要了。”说到这儿顾函停顿了一下，见陈安泰饶有兴趣而专注地听着，便接着说：“企业发展到一定规模后都会有上市的打算，能否上市也是同行企业之间团体竞技比赛中关键性的一步，我做投行接触了很多企业，大多数的企业家擅长实业‘长跑’，但并不擅长资本‘竞技’。企业家做实业起家，都是想着踏踏实实地把业务做起来，等企业发展到一定规模后，市场上的各种资本纷至沓来，但是对于资本江湖上的各种玩法，企业家看得云里雾里。就像我之前接触的一家企业，创始人是三个自然人股东，业务做得还不错，搞资本运作的找上门来，说是要把他们企业装进去，一起打包到海外上市，以很低的价格受让了这家企业近 70% 的股份，两年过去了，并没有像之前承诺的那样海外上市，而这家企业本身的业务每年都翻倍增长，已经满足了国内上市的条件，三个创始人股东琢磨着就在国内上市，不过这时候他们的股份加起来也所剩无几了，真的是创业不易，守业更难啊！”

陈安泰沉默不语，但显然是在思考着顾函刚才的一番话语。为了活跃气氛，顾函和舒影开始聊起了其他的话题，陈安泰心不在焉，神情凝重，只是时不时附和一下聊天的内容。

三个人就这样沿着海边边走边聊，快走到海滨公园出口的时候，陈安泰提议时间尚早，想请顾函和舒影就近去喝个早茶，顾函和舒影欣然答应。

三个人进了一家粤菜馆找了个小包间，随意坐下，并没有太多的讲究。服务员捧着一本厚重的菜单进来看了看屋里的人，好像是在判断谁来点菜。

舒影伸手接过菜单转递给陈安泰，说道：“陈总，您看看。”

陈安泰摆了摆手，笑道：“我都可以，你点你点。”

那本菜单着实厚重，舒影举着吃力，顾函也笑了：“你点吧，我和陈总都不挑，你点啥我们吃啥。”

“哈哈，没错，就你点吧。”陈安泰也劝说道。

舒影翻开菜单看了看，粤菜早茶不同门店虽然各有特色，不过经典的菜式大同小异，基本都能背出来了，舒影很快点完了菜。

陈安泰将桌前的茶杯端起，送到嘴边犹豫了一下又放回原处，面带几分笑意地说道：“顾总啊，刚刚听你聊起资本市场的一些情况，这方面我确实不太懂，想跟你再请教请教……为什么这么多的公司想着要去上市？难道是为了圈钱？但有些公司又并不缺钱……”

“企业发展过程中难免会遇到各种各样的瓶颈，而上市至少可以给企业多出来两条命！”顾函言语间似乎在故弄玄虚，手指配合着摆出“二”的手势。

“哦，愿闻其详！”

“如果遇到经济环境不好，就好比金融危机，企业很难在银行拿到钱，资金链一旦断裂，企业的生存都会存在问题，当下这样的企业比比皆是。而上市的过程就是资产证券化的过程，上市公司借助资本市场融资的渠道更多，融资能力更强，在经济环境不好的情况下反而可以通过资本运作收购便宜的资产，进一步巩固在行业内的竞争力。”

陈安泰点了点头表示认同，凑近了些继续问道：“那……所谓的第二条命呢？”

顾函故作神秘地说：“陈总有没有听说过壳价？”

陈安泰一脸茫然，顾函接着说道：“上市公司主体的壳目前还是很值钱的，市场上有不少资本玩家专门炒壳，退一万步说，即使公司业务真做不下去了，只要有上市公司主体这个壳，还能进行资产重组。”

顾函见陈安泰若有所思，举起茶杯轻轻碰了一下陈安泰面前的杯子，陈安泰的思绪被清脆的碰杯声拉了回来，赶紧举起茶杯抿了一口。

陈安泰放下茶杯后说道：“不瞒你说，我们公司现在也在计划上市。”

顾函心里并不觉得意外，却一脸诧异地问：“哦，进展到哪一步了？”

陈安泰点上一支烟，深吸了一口，接着说：“前阵子，公司董事长赵总去上了个总裁班的课，回来后找我们几个开会，说公司准备上市，找了一个职业董秘何总过来牵头。我一直负责公司财务这块，对资本市场确实不太懂，所以上市这个事情也没太多过问。”

顾函一边仔细听着一边转动着桌上的托盘，把烟灰缸转到陈安泰的面前，试探着问道：“能问下是哪家投行在做吗？”

陈安泰抖了抖烟灰说道：“投行还没定，不过何总推荐了一家，和董事长也见面聊过了。”

顾函端起面前的茶杯喝了一口，然后语重心长地说道：“陈总，对企业来说上市可不是一件小事，选择一家投行就注定未来几年的上市历程都要和这家投行绑定在一起。”

顾函指了指桌上的茶壶和茶杯说道：“投行和企业的关系就好比这茶壶和茶杯，茶壶只有一个，而茶杯有很多个，对企业来说选定一家投行就认定了一个茶壶，而对投行来说，储备项目众多，企业只是众多茶杯中的一个。”顾函就近举起自己面前的茶杯握在手里左右晃了晃，接着说：“至于投行是否会在这一个茶杯上面倾注最好的资源，那就是另外一回事了。”

陈安泰对资本市场并不熟悉，顾函的话确有几分道理，陈安泰认真地听着，似乎不想漏掉任何一个字。顾函继续说道：“你们公司既然决定要上市，就应该多接触几家投行，比选一下投行的历史业绩、过会率、保代的专业水平等，多听听专业机构的意见，多些选择对公司并没有坏处啊！”

顾函见陈安泰沉默不语，便借着替他倒茶的机会用茶壶轻轻碰了一下他的茶杯，陈安泰忙用手指在桌面上连叩两下表示感谢，茶沏好后，陈安泰端起茶杯笑着说道：“兄弟，你刚说的这番话我都听进去了，看得出来是站在我们公司的立场在替我们考虑，我明天就找董事长聊聊这事儿，今天没有点酒，我就以茶代酒敬你，改天我们再去好好喝一场。”

“陈总太客气了！”

两人碰了一下杯，各自抿了一口，这时桌上的菜都上齐了，大家也都有些饿了，便开始边吃边聊。

吃完茶点，走出那家粤菜馆，把陈安泰送上车后，舒影问道：“你是怎么和陈总认识的？”

顾函漫不经心地说：“就前几天跑步的时候碰上的。”

“哦，这么巧？”舒影显然不相信。

“重要吗？嘿嘿，你有得忙了，周末得准备项目建议书。”顾函停顿了一下，接着说道：“不过忙归忙，下午先带你去个好玩的地方。”

舒影不解顾函这葫芦里卖的到底是什么药，不过“好玩的地方”确实提起了她的兴趣，索性先去看看。

顾函带舒影来到一处名为 3H 的咖啡馆，房子外面的装修看上去很低调，但屋内却十分宽敞。顾函边走边给舒影介绍着，时不时跟熟人打下招呼。

“这里是投行投资圈人士的聚集地，大家周末聚会的场所，在这里除了结识一些新朋友外，最主要的还是交换信息以及对市场走势的看法。你看，右边那桌坐在最里面的那人是投 Pre - IPO 项目的，来这里专门结交投行人士，只要是排名靠前的大投行机构的项目他们基本都会参与，而且很少做尽调，这种和投行深度绑定的投资方式从现阶段来看不失为一种很好的投资策略，投资效率高，风险相对可控，最重要的是还能利用好投行的专业和资源。最角落的那桌都是我校友，分散在各家投行，也算是投行界的校友圈了，有空的时候大家常常聚到一起，不过交流归交流，项目的具体信息那可是绝对保密的……”

两人径直往最里面走去，一直走到尽头，顾函将一扇半掩着的门往里再推开了些，但并没有进去，在门口停住了脚步。舒影站在顾函身后探头朝屋内瞅了一眼，房间很大，大概聚集着将近二十个人的样子，大家围着一张椭圆形的桌子，专注地玩着扑克牌。

顾函回过头来对舒影说道：“他们在玩德州扑克，游戏规则很简单，但玩的过程却无比刺激。”

“你经常玩这游戏?”

“那倒没有，有时间就过来玩一下……哈哈！放心，纯粹是玩，不涉及赌博。”

舒影再往屋内仔细看去，牌桌上的人相互打量着，拿到好牌的时候不喜形于色，拿到差牌的时候也没有流露出不悦的神情，以免被对方看出破绽。而桌旁围着观战的人，看上去似乎比玩牌的人还要紧张。

“这游戏挺有意思!”

顾函见舒影有兴趣，便接着说道：“如何分析牌面、如何进行下注、如何管理筹码都关乎最终的输赢。每局过程中都充满着胜负概率、投资报酬率的推算，但最重要的是对人性的观察。德州扑克的打法就是个人性格的体现，玩一局下来对每个人的性格特点基本就有了大致的判断。打好德州扑克除了善于统计分析和策略思考之外，还需要不断战胜人性的弱点，如此才能获胜，这一点和资本的游戏很好地契合。你知道德州扑克区别于一般游戏最大的特征是什么吗?”

“呃……是什么?”

“是对玩家心智的锻炼，如何诱敌深入、何时果断放弃、怎样在变通的同时懂得保全……”

舒影用崇拜的目光直直地看着顾函，顾函感觉有些不自在，赶紧解释道：“哈哈，刚才那话可不是我说的，是当年世界扑克巡回赛（WPT）中国区冠军说的……”

“嘿，顾函，来一局。”这时屋内一男子见顾函站在门口便把他拉了进去，让顾函坐在他旁边的位置，舒影也跟着进去，在一旁看他们玩牌。

顾函的确是玩牌的高手，几局下来面前的筹码已经成堆，趁着洗牌的间歇，坐在顾函身旁那男子凑过身来小声说道：“Anni去美国了！”

顾函的脸上顿时露出错愕的表情，接下来的几局顾函都心不在焉，过了没多会儿，面前的筹码已所剩无几，顾函此刻的心思已完全不在牌桌上，借着有事跟身旁那男子道别后便离开了，似乎忘了跟他一同来的舒影，留下她呆呆地看着他独自离去的背影……

第五章　招投标

星期日上午小玥睡到自然醒后来到舒影的房间，见舒影正坐在电脑桌前敲着键盘便说道：“别老玩电脑了，今天天气这么好，我们逛街去吧。”

舒影把目光从电脑屏幕上收回来，看着小玥一本正经地说：“我没玩电脑，我是在工作呢！”

“周末还加班？不可能！投行现在不是不忙吗？”小玥以为舒影是故意找借口不愿陪她逛街，便转到舒影身后看她到底在玩什么玩得如此入迷。

“我真的是在工作，这份项目建议书今天必须得完成的！”

小玥见舒影确实是在加班，扫兴地说道：“好吧，我不管你了，那我找其他同学玩去了。”说完便出门了，留下舒影一个人待在家里。

这是舒影第一次做项目建议书，有几处不明白的地方本想问问顾函，不过想到他前一天的不辞而别，犹豫之后还是没有联系他。

舒影一直到凌晨才把邮件发给顾函，邮件发出去后不到十分钟就收到顾函的回复，指出项目建议书第58页存在格式错误。邮件回复的语气很严厉，强调所有发给客户的材料都必须认真对待，不能有一丝一毫的松懈。舒影的神经突然紧张起来，一下子倦意全无，又坐回电脑桌前，检查核对后确认有一处逗号的“全角”格式用成了“半角”。舒影修改后又反反复复检查了多遍才再次将邮件发给顾函。

星期一一大早舒影便来到办公室，还没有收到邮件回复心里总有几分不踏实。过了一会儿，舒影见顾函进来，赶紧坐到他办公桌对面的座位上，急切地问：“顾总，达鹏科技的项目建议书还有需要修改的地方吗?”

见舒影眼睛熬得浮肿，顾函点了点头：“项目建议书做得不错，我一早已经发给达鹏科技的陈总了。”

舒影听说项目建议书过关了，终于缓了口气。

这时顾函的手机响了，一看正是陈安泰打来的电话。顾函接起电话，电话那头传来洪亮的声音，尽管没有开免提，舒影坐在对面也大致能听到说话的内容。

“顾总，你们的项目建议书已经收到了，我大概看了一下内容，你们投行的竞争力确实不错，对我们行业和公司的分析很到位，给出的上市方案也十分具体。”

顾函看了一眼坐在对面的舒影，笑了笑说道：“项目建议书是舒影做的，确实是用了心的，对了，投行选聘的事情和董事长赵总那边聊过了吗?”

“我正要跟你说这事儿呢，我刚刚去找赵总的时候才知道，我们公司的董事常飞也在推荐投行，推荐的是……天华证券。我们公司上轮融资的时候红利资本入股占了5%的股份，委派常飞到公司担任董事。他平时倒没有太多参与公司的具体事务，重大决策的时候会代表股东红利资本发表一下意见，这次听说我们公司要启动上市，很积极地在帮我们对接中介机构。”

“那赵总的意思是?”顾函试探着问。

“加上你们现在一共有三家投行了，赵总是第一次接触上市的事情，也拿不定主意，所以打算本周五搞一次招投标。”

“那好啊，投标我们参加。”顾函想着走招投标流程总比之前由董秘直接负责对接要好，至少还有机会，立刻答应下来。

“其他两家给的项目建议书我也看了，三家投行应该都是行业里排名靠前的，整体实力都不弱，所以这次招投标你们也不要掉以轻心，要做足准备。”

“那是当然的，陈总提醒得是!”顾函琢磨着多打听些消息，接着问道：“这次招投标的结果最终如何来评定？评标委员会的设置安排出来了吗?”

“这次招投标我们没有找第三方招标代理机构，就我们公司内部评定，评标委员会一共有五名委员，除了董事长赵总外，还有我、何平、常飞和任逢。何平是董事长新招的董秘，负责上市相关的工作，常飞是红利资本委派的董事，任逢是公司管人事的副总，和赵总是一起创业的，算是公司的元老级人物了，这几年来公司业务上了正轨后，任总很少参与公司经营管理，不过他在公司的地位和威望还是很高的。”

顾函听着陈安泰的介绍，脑子飞速地运转着，伺机寻找这一局面的突破口。

“这两天能否安排和赵总见面谈谈？”

“估计比较难，赵总今天中午就出差了，要星期四晚上才回来。常飞推荐的天华证券也没有和赵总见过面，至于何平推荐的天域证券和赵总倒是见过一两次，不过也只是了解上市的一些要求，这些你们的项目建议书里也都有提到，所以投标前见不到赵总也没太大关系。”

“那任总和其他两家投行有接触吗？”看来顾函只能寄希望于这位公司的元老级人物了。

“据我所知，应该没有。任总心态平和、安于现状，不过当初和赵总一起打拼的时候也是跑业务的一员虎将，攻克了不少客户，拿下了不少订单，这些年公司招揽了很多业务方面的人才后，任总年龄大了也在渐渐转型，转而去管人事，说是要培养一些有潜力的年轻人，最近好像又迷恋上了研究史学，特别是三国的那段历史，总之，给人有种经历了江湖纷争后的隐士高人的感觉。”

“呵呵，听你这么一说，我还真想见见这位隐士高人！”顾函来了兴致，想让陈安泰搭个线。

“任总现在很少出席业务方面的饭局了……”

“绝不谈业务，只是闲聊，晚辈向前辈请教学习！”顾函见陈安泰有推托之意，立马解释道。

陈安泰迟疑了一会儿，然后说道：“既然这样，那就明天晚上吧，我明晚本来约了任总吃饭，我跟他说到时介绍朋友给他认识，不过可说好了，绝不谈业务，也不谈招投标的事。”

“放心吧！就是吃饭闲聊，我让舒影挑个味道不错的地方，保证不会让你们失望。”

顾函挂了电话后说道：“达鹏科技本周五招投标选投行，你准备下投标文件。另外，明天晚上约了达鹏科技的任总一起吃饭，在巴蜀风预订个包间，就科技园的那家，离达鹏科技近些。”

“没问题，我这就去准备。”舒影正要起身，犹豫了一下又坐回座椅上，说道，“顾总，你觉得这次招投标我们胜算大吗？我刚隐约听着电话里提到了好几家投行，我们天通证券和天域证券、天华证券都是行业内排前几位的，如果单单看投标文件，各家差异应该不大吧？”

“算你机灵！我刚刚问了一下情况，表面上是‘招投标’，但并没有委托独立第三方招标公司来做，无非也就是公司高层与几家投行见面综合评比，流程和形式上并没有那么严格，所以公司高层的主观判断很重要，到时得看评标委员会的委员们看我们顺不顺眼了。”顾函半开着玩笑，瞬间又变得严肃起来，“不过材料做扎实很关键，不能在材料方面让人挑出毛病来。”

舒影立刻答应下来，开始着手准备。

巴蜀风是一家川菜馆，顾函和舒影比约定的时间提早了一些到，预订的包间不大，不过房间的格局不错，坐起来还算宽敞。顾函看了看菜单，让服务员过来先把菜点了，上菜方面的细节也交代了一下，接着便把自带的酒水摆放在桌面上，让服务员上了几个白酒杯。

不一会儿，陈安泰和任逢也到了，介绍认识的时候陈安泰只是说顾函和舒影都是朋友，刚好也是约着星期二晚上吃饭，大家就一起了。

任逢长着国字脸，与陈安泰比起来年龄应该会大不少，大家互相寒暄之后，任逢和顾函挨着坐，陈安泰和舒影分别坐在他俩的两侧。

“最近也不知道是怎么回事，老是记岔事儿。”大家坐定后，陈安泰表现得很随意地说道：“前两天任总提议一起吃饭的时候我满口答应，后来想起来今晚还约了顾总和舒影，正好大家一起认识认识。”

“说到这儿，还得感谢陈总，不然还没有机会向任总当面请教学习呢。”顾函一边说着一边把酒给任逢满上。

“顾总太客气了，一看就是年轻有为啊！哪里人？”

顾函把分酒器放回转盘上，随手整理了一下桌面上服务员已经摆放好的餐具，说道：“四川人，来深圳大概五年了，平时喜欢跑步，和陈总也是晨跑的时候认识的，聊着聊着也就成了朋友，时不时地会约出来吃个饭。任总是哪里人？”

“我是湖南人，1995 年来深圳的。”任逢回应道。

“1995 年，那很早呀！”顾函睁大眼睛，接着说道：“我记得那年刚好是南斯拉夫大使馆被炸。”

任逢长叹了一口气说：“是啊，当时我们提出这是蓄意轰炸，可北约解释是误炸，我们除了愤怒也只能愤怒！”任逢有些激动，谈话间还不忘拨弄着右手食指。

顾函进一步肯定了自己的判断，任逢骨子里是有那么一股傲气的，这时桌上的凉菜陆续上来了，顾函接着说道："当时很多人从内地到沿海来发展，不过那个时候制造业和发达国家相比差距还很大。"

"中国制造尽管规模大，但技术方面还是有差距的，这和当时的国情有很大的关系。不过中国在不断发展，深圳发展尤为迅速。"

"没错！任总可是见证了深圳的大发展，或者说是一个时代的大发展啊！"顾函举起酒杯，大家的兴致也越来越高，一饮而尽。

任逢看了看舒影，问道："舒影是哪里人？"

"任总，我也是四川人。"

顾函顺着舒影的话接着说道："清朝的时候湖广填四川，当时湖广行中书省大规模移民，我和舒影是四川的，任总是湖南的，陈总是广西的，这么一往上追溯还真不定有什么渊源呢。"

说到这儿，大家都爽朗地笑了起来。

这时，热菜也开始上来了，大家边吃边聊，任逢说道："我前几年去过四川，确实是个好地方。"

舒影说道："四川人懂得享受生活，会吃会玩，而且四川还是很有文化底蕴的，一进武侯祠就能感受到历史的那份厚重感……"

顾函见舒影提到武侯祠，哪能放过这机会，立即把话接过来："武侯祠那可是三国圣地，三国这段历史并不长，魏、蜀、吴三国存在也不过半个世纪的时间，在中国历史上也就弹指一挥间，不过关于这段历史，史书的记载却是众说纷纭。"

任逢听顾函谈到三国来了兴致，试探地问道："听你这么一说，看来顾总对三国的历史挺有研究?"

顾函忙摆手说道："哪里有什么研究啊，我顶多就算有点兴趣，对这段历史知道些皮毛而已。"顾函看了看坐在旁边的任逢，好像没有插话的意思，便继续说道："说到三国，不得不提的人物就是魏国的实际开创者曹操，不过历史上对曹操的评价褒贬不一。"

"虽然大部分人接受曹操是奸雄的形象，但鲁迅先生却说他是英雄，对他的评价极高。"任逢的兴致也越来越高，看来这场饭局已经切换到了历史的话题。

"曹操的形象不是很好，主要还是因为那句'宁教我负天下人，休叫天下人负我'。"说到这儿，顾函端起酒杯敬了任逢一杯，以酒助兴。

舒影补充道："这句话其实在《三国志》中是没有记载的。在孙盛的《杂记》中倒有个典故，说当年董卓入京后，表曹操为骁骑校尉，曹操拒绝后抄小路逃回家乡，路上借宿朋友吕伯奢家时，听见磨刀的声音，曹操有了疑心杀了他全家，后来发现人家是杀猪宰羊款待自己，误杀了好人，但错误已经铸成，曹操为了给自己的行为辩解，说了句'宁我负人，毋人负我'，但是到了《三国演义》的时候就变成了'宁教我负天下人，休叫天下人负我'，虽然只是多加了几个字，但含义却大不一样了。"舒影津津乐道地讲着历史典故，众人时不时点头表示赞同。

任逢说道："的确，我也觉得历史对曹操的评价有失公平。像'千里走单骑'那段，关羽被曹操俘虏后，曹操敬重关羽，任他重返敌营，这样才有了‘关羽千里走单骑，过五关斩六将’的一段佳话。”

这个时候菜已经上齐了，酒过三巡，大脑有些兴奋，话语也渐渐多了，顾函把转盘上的主菜转到任逢面前，接着说道：“千里走单骑，人们更多地记住了关羽的义薄云天，却忽略了曹操的侠肝义胆。虽说曹操生性狡诈，但是在战场上那确实是兵不厌诈。”

舒影一边给大家倒酒，一边说道：“曹操确实很聪明，袁术、袁绍这些人物，曹操都不把他们放在眼里，但偏偏对卖草鞋的刘备另眼相看。我现在也没弄明白，煮酒论英雄的时候，曹操为什么会放走刘备！”

听到舒影对曹操的不解，大家都笑了起来。这时，顾函语气略显深沉地说道：“曹操出身不好，怕被别人看不起，刚开始只是想当个郡守，后来国家动乱带兵打仗，但这个时候他只是想当个征西将军。再后来天下大乱、诸侯割据，曹操也只想称霸，不想称帝。他是大汉朝的丞相，作为人臣已经到了极点。有人说，曹操应该功成身退、安度晚年，但是曹操是绝不会这样做的。兵权一旦交出去，倘若局势有变将无法控制，所以曹操既为子孙考虑也为皇上考虑。”

顾函这几句话表面上看是对曹操一生的总结，实际上却有几分映射任逢当前在公司的处境。任逢虽然喝了不少酒，但也还算清醒，眉头有些紧蹙，好像在思考什么。

大家继续聊着，聊历史、聊三国，觥筹交错，杯来瓶往，整个饭局像是以史会友，又像是以史鉴今。

饭后，与任逢和陈安泰道别完，顾函送舒影回家，两人走在寂静的街道上，晚风吹拂，带有几分清澈的凉意，与白天的气候相比舒适了许多。舒影悄悄抬眼瞅了一下顾函，他刚才喝了不少酒，双颊有些泛红，衬衣的领口微敞着，头发有些凌乱，与平日里的形象有些不一样。

“刚才吃饭的时候你还是懂点历史嘛。”

顾函突然这么一说，舒影愣了一下，说道：“略知一二。”

顾函见舒影有些得意，故意说道：“嘿嘿！不会是昨晚熬夜抱佛脚的吧？”

舒影的脸一下就红了，连忙低头掩饰，因为这场饭局，头一天晚上她确实把三国那段历史又重温了一遍。

这时，顾函的手机铃声响起。

虽然顾函对着手机讲话的声音不大，但周围的环境实在太安静了，就连对方的声音舒影也能隐隐约约听到一些。电话那头是一个女孩的声音，这么晚打电话来估计是他的女朋友，舒影在心底暗暗叹了口气，不禁有些莫名的失落。

“你在纽约和同学聚会……哦，代我向大家问好……”

原来对方在美国，顾函曾经提起过他在美国待过几年，看来他们是同学。舒影跟在顾函身后，听别人讲电话确实不太好，于是特意与顾函拉开了距离。

顾函突然停住了脚步，舒影低着头没留神差点碰了一个正着，舒影诧异地抬起头，此时顾函的语气比这昏暗的夜色还要阴沉：“你去美国，当着同学们的面打这通电话来就是让我去参加你的婚礼，你是想看我伤心失意还是强颜欢笑？”

舒影顿时惊住了，还没等她反应过来顾函已经挂了电话。

顾函在原地站了好一会儿，才回过神来意识到舒影就在身后。

“你都听到了？”

舒影抬起右手用大拇指掐着食指的指尖，小心翼翼地比画了一下说道：“一点点。”

顾函叹了口气继续往前走去。舒影紧跟着上前安慰道：“不就是被人甩了嘛！有什么大不了的，没有走到最后只能说明不是对的人……”

顾函停住脚步回过头来一本正经地说道：“我和她已经分手一年多了。”

舒影懊恼自己不该胡乱猜测，看来是说错话了，这时顾函转身走到路边喷泉水池的台阶上坐下，这个时候音乐喷泉早已停了下来，周围的一切显得很冷清，舒影见顾函没有走的意思，在他的身旁坐下。

“我刚进投行时还在并购团队，当时有个并购案很着急，忙得昏天暗地，好几个月的时间几乎天天加班出差，我知道 Anni 心里有怨气，不过我当时所有的心思都在项目上，想着只要等这单并购项目结束了就可以回深圳好好陪她。等到项目结束之后，我又开始准备保荐代表人考试，在酒店住了整整一个月……”

“回到深圳后你还住酒店？”舒影忍不住问道。

“这个考试对我来说太重要了，我必须确保不受任何干扰，沉下心来准备。”

“考试的通过率很低，你当年是一次性通过的？”

“不错！通过考试后我从并购部门转到了 IPO 业务团队，我必须找项目签协办才能注册成为保代，于是我又在一个 IPO 项目上趴了一年多的时间……”

说到这里，顾函沉默了，空气中弥漫着尚未完全散去的酒气，也许正是借着这股酒劲，顾函才会吐露这么多的陈年往事。

“那……后来呢?”舒影终于打破了沉默。

“后来我签协办的项目成功上市，我也注册成为保荐代表人，不过……Anni 却离开了我……”

没想到眼前这位职场上风光无限的投行精英背后竟有如此心酸的一段往事。舒影感叹道：“或许她是不愿再过一直等待却望不到尽头的生活。”

“或许吧……是我让她太失望了，给不了她想要的生活……”

“她想要的生活也许只是简简单单的陪伴。”

顾函并没有接话，他站起身来，说道：“一切都过去了。太晚了，我送你回家。”

时间转眼到了星期五，曲建新、顾函和舒影一早按照约定的开标时间来到达鹏科技，被工作人员引到一间会客室。天通证券是最后一家讲标的，因为前面一家还没有结束，大家在会客室先休息等候。

按照预定的时间已拖延半个多小时了，前面那家投行还迟迟没有出来。曲建新有些按捺不住了：“里面是哪家投行？进去这么长时间不太正常啊!”

顾函耸了耸肩，说道：“不太清楚，好像不是之前提到过的另外两家投行，可能是知道招标消息后临时来参与投标的。”

顾函试图到门口打探消息，不过门关得严实，实在探不到里面的情况，只能在门口来回走动。过了好一会儿，门终于开了，出来几个西装革履的人，接着门又关上了，大概过了十分钟，工作人员才把曲建新一行人引到招投标的会议室。

会议室摆放着一张长形的会议桌，桌子的一面坐着五位评委和一位记录员，中间坐着的应该就是董事长赵树岷了，面相看着比旁边的任逢要年轻许多。赵树岷左边坐的是任逢和陈安泰，右边的两位估计就是何平和常飞了。大家进入会议室坐定后，任逢见到顾函和舒影，刚开始有些诧异，不过瞬间恢复了平静，只是翻看着投标文件。

曲建新根据投影的PPT内容讲述着项目的相关情况，五位评委时而看看投影，时而翻翻装订成册的投标文件，记录员坐在边上忙活着记录。等曲建新讲完后大家沟通了几个关于IPO不痛不痒的问题，问了问报价情况，差不多半小时的样子就结束了。

曲建新等人出来后在楼下进了一家咖啡馆，点完咖啡后找了一张桌子坐下。

“大概什么时候能出结果?”曲建新问道。

顾函喝了一口咖啡稍加思索地说：“应该很快，上午几家见完后应该就会讨论出结果了。”

“今天前面那家确实奇怪，明明安排的半小时讲标，却在里面待了有一个多小时，而且……”舒影的话才讲到一半，顾函的短信提示音响了。

顾函从桌上把手机拿起来一看，露出惊讶的表情，众人迫不及待地问：“怎么样？有结果了吗?”

顾函抬起头来，望着曲建新说道：“投标出现了零报价的情况。”

“零报价！怎么可能?”

顾函赶紧给陈安泰打电话，不过电话随即被挂断了。投标评分标准中报价所占的分值比例很高，这突如其来的搅局者让顾函心里一下没了底。很显然这是恶意竞争，企业上市投行团队太关键了，这不是成本管控的多少问题，而是企业上市的生死问题，但企业在启动上市之初未必能意识到这一点。

第六章　中标通知书

顾函接连给陈安泰拨了几通电话都没人接，为了弄明白投标会上到底发生了什么，顾函决定直接到陈安泰家楼下等他。

晚上十一点的时候，顾函还没有等到陈安泰，昏黄的街灯将顾函那孤寂的身影拉得很长，夜里的风裹挟着一丝凉意，他平时并不怎么抽烟，但此时手里却拿着一支烟，脚边还散落着很多已经燃尽的烟灰。又过了一会儿，一辆小车缓缓地往这个方向驶来，刺眼的车灯投射过来，顾函下意识地用手遮挡这突如其来的强光，这时车子停了下来，陈安泰从车里出来，看到顾函时十分诧异："顾总，你怎么在这里？"

"我见你没接电话，想必一直在忙，便到这里来等等看。"

陈安泰将车子停放好后，两人在小区里找了一处地方坐下。

"今天投标有突发情况吗？"

"嗯！今天来投标的有家投行，之前也没怎么听说过的，说是要免费给我们做 IPO。”

“这怎么可能！保荐和承销费用都是明文规定收取的。”顾函停顿了一下，好像想到了什么，问道：“他们零报价的条件是什么？”

“低价入股我们公司，相当于把收费折算成股份。”

“是证券公司下属的直投子公司来投？”

“应该不是，听他们的意思好像是一个‘关联’的 PE 机构，具体的投资主体还没有确定。”

顾函苦笑着说道：“陈总，你觉得靠谱吗？”

陈安泰犹豫了一下说：“说实话，我们在这方面没什么经验，收到这样的投标文件完全是没有想到的，所以今天下午到晚上一直在开会讨论这事儿。”

“把上市这等大事交给没有什么 IPO 经验的投行团队，你们也放心？”

“这点我们也考虑到了，不过对方说像你们这样的大投行项目太多根本不会把精力和资源花费在我们项目上，如果给到他们做的话，他们整个部门，甚至整个公司都会倾其所有，全力以赴地将我们企业推上市，他们也希望能够借此机会在投行界崭露头角。而且……以股权的形式绑定，这样大家都在一条船上，利益是一致的，更何况他们不收取费用。如果上不了市，他们更是白做呀……”

顾函沉默了一会儿，问道：“你们讨论到这么晚，那结果呢？”

“就像你刚说的，这毕竟是关乎公司上市的大事，所以目前还没有最终确定下来……”

那晚顾函并没有跟陈安泰说太多，他更多的是在听陈安泰讲述事情的来龙去脉，等到最后一支烟燃尽时，顾函起身准备离开，临走前说道："在你们最终做出决定之前，建议和一个人好好聊聊，也许这样更有利于你们做出正确的判断。"

一连好几天过去了，达鹏科技都没有任何消息，舒影回公司取资料时见顾函也在，便上前问道："怎么样？达鹏科技投标的结果出来了吗？"顾函只是含含糊糊地应付着，并没有说太多。这时，顾函的手机响了，正是陈安泰的来电。

"陈总，你们见面了吗？"

"已经见过面了，交流了很多，之前对上市准备这块没什么概念，交流下来清晰多了。"

"那投标的结果出来了？"

"出来了，有好消息也有坏消息，你想先听哪个？"

没想到陈安泰竟会抛出这样的选择，顾函的眉头不免微微蹙动了一下，说道："当然是先听……好消息了。"

"好消息就是你们天通证券中标了！"

"那……坏消息呢？"

"其实也不算是坏消息，只是公司综合考虑评估下来的决定。因为天域证券是何总介绍的，何总又是公司专门请过来负责上市工作的，之前天域证券投行的领导也来过两次，谈得都还不错，所以董事长决定公司上市由你们天通证券保荐，股票发行的时候天通证券和天域证券联席主承销。"

这样的结果倒也可以接受，不过想到那搅局者，顾函不免多问上一句："这次毕竟是招投标，中间又有突发事件，投标结果没问题吧？”

“放心吧，没问题！尽管有家投行报价上得分很高，不过在项目经验、过往业绩，以及其他主观判断的条款分值上却很低，所以投标结果是经得起推敲的。这次幸好向你介绍的那人仔细了解了情况，当然我们也通过其他途径进行了多方面打听，不然我们公司很有可能会吃大亏。”

顾函挂了电话，转过身来对舒影说道：“结果出来了，达鹏科技 IPO 由我们来保荐上市，股票发行的时候天域证券参与联席主承销。”

“太好了，我们中标了！这中间到底发生了什么？为什么会有零报价出现？最终的局势又是怎样逆转的？……”好奇心使然，舒影禁不住抛出了一连串问题。

顾函十分得意，开始绘声绘色地从他在陈安泰家楼下的那晚讲起。

“你让他们见的那个人到底是谁？”

“你认识的。”

“我认识？”舒影更疑惑了。

“不错，就是……东莞那家企业的严董！”

舒影恍然大悟，严董公司之前聘请的中介机构专业能力太差，整改方案出现问题导致项目做到一半就无法推进，后来经多方打听比较后才选定了天通证券。所以在选择投行方面严董曾经吃过亏，体会深刻，也是最有发言权的。两家公司交流之后，达鹏科技自然明白其中的利弊取舍，搅局者出局也就顺理成章。

这样的结果对天通证券而言已经很不错了，尽管其间经历了些小波折，也算是好事多磨。

中标大概一周后，天通证券、华睿律师事务所、信天仰会计师事务所，各方中介机构安排团队进驻达鹏科技项目现场。达鹏科技的位置在深圳南山区科技园，科技园区分为北区、中区和南区，这里聚集着很多的高新技术企业，深圳企业的上市意识比其他城市的企业要强很多，在科技园区随便找一栋楼，楼上楼下的企业要不已经是上市公司，要不就是在准备上市，甚至有些成立比较晚的企业从一开始设立的时候就是奔着上市去的。

达鹏科技整体装修虽然比较简单，但展示区的各种资质证书、优秀供应商牌匾和奖杯足以体现公司的市场竞争力，公司办公区墙壁上挂着几个醒目的大字——“没有低迷的行业，只有低迷的企业”，在金融危机的背景下这几个字倒也振奋人心。

各方中介机构中，投行是企业上市的保荐机构，在上市推进的过程中扮演着导演的角色，而企业一般也会成立专门的上市工作小组，具体工作由董秘牵头，配合投行及各方中介机构的工作。

项目进场后先是对企业进行尽调，所谓的尽调说得通俗些就是对企业进行全方位的摸底，从公司设立开始的历史沿革、历次股权变动、财务状况、经营情况等各个方面进行核查，判断企业是否符合上市的要求，各方中介机构根据企业的具体情况出具明确的整改方案，督促企业按照上市公司的要求规范运作。

现场工作时投行和律师一般会安排到一起办公。会计师通常会单独安排一间办公室。董秘何平是公司上市办的牵头人，不过具体的事务主要由证券事务代表易秋桔对接。易秋桔是一个活泼、外向的女孩子，法律专业毕业，毕业后一年多来一直在达鹏科技法务部工作，这次公司启动上市，上市办人手不够，正好把她抽调过来协助董秘工作，对外主要对接沟通各机构，对内则主要协调公司各部门配合上市工作的推进。

肖劲平和舒影在项目现场工作，顾函隔三岔五也会来下现场，每次来都会去陈安泰的办公室。华睿律师事务所主要由王律师和钟律师负责项目，王律师是华睿律师事务所的合伙人，钟律师是他的助理律师。

由于整天都在一起工作，进场没多久，肖劲平、舒影和现场工作的律师，还有秋桔就熟络起来。工作之余，大家还经常开开玩笑、找找乐子。秋桔只要没事就往投行和律师工作的那间办公室跑，对上市工作充满了好奇，如果不是还有董秘安排的其他工作需要处理，估计恨不得把自己的办公桌都搬进来。

有天中午，快到饭点的时候，秋桔走进办公室，讪讪地说道："我这几天中午有事，就不陪你们吃饭了，这是食堂的饭卡。"说着便把一张饭卡递过来，肖劲平接过饭卡，说道："没事没事，你忙你的，这附近我们已经很熟了，自己去就行。"舒影注意到秋桔与往常不太一样，似乎故意在回避大家的目光。望着秋桔匆匆离去的背影，舒影问道："你们有没有觉得秋桔今天挺奇怪的?"肖劲平不以为然地说："你太敏感了！走，吃饭去。"

科技园区内的企业很多，但就一个食堂，中午一到饭点就人山人海，必须抢在别人下班前几分钟过去才有位置，舒影等人打好饭后好不容易找了一张空桌子坐下。

饭吃到一半的时候，钟律师突然说道："那不是秋桔吗?"

大家随着钟律师手指的方向望去，远处坐着的确实是秋桔，她和另外两个人一起在吃饭。

肖劲平说道："原来是另有约会啊，那两个人没见过，应该不是达鹏科技的人。"

"不管是不是达鹏科技的人，中午一起约着吃饭都很正常，可是秋桔刚在办公室的时候为什么那么紧张？她以往可不这样。"舒影一边夹着菜一边小声嘀咕着。

"是你昨晚没休息好，神经紧张吧，看谁都紧张。"被大伙儿这么一嘲笑，舒影想想也是。

下午的时候大家都在办公室忙着看材料，钟律师出去了一趟进来跟大家说道："你们看到没？中午和秋桔一起吃饭的两个人就在我们隔壁的办公室办公，不像是达鹏科技的人，估计是外面哪个机构的吧。"

"那可能是专利申请的中介机构吧。"肖劲平随意地回复了一句。

"做专利申请的市场上一大把，有企业上市的事情重要吗？企业明显对他们照顾有加啊！"钟律师有些不服气。

舒影没有吱声，只是听大家讨论着，总感觉事情有些怪怪的，但又说不上来哪里怪。

一连几天秋桔都很少主动到办公室来，除非投行或律师需要企业提供资料的时候过来一下，每次进来也是对接完材料就匆匆离开了。

这天下午曲建新突然给舒影打来电话，问道："达鹏科技项目现场现在是什么情况？"

曲建新的话问得很突然，语气听起来有些生气。舒影丈二和尚摸不着头脑，不太明白曲建新想问的是什么，只是先试着回答道："曲总，现场工作在正常推进。"

"那我们和达鹏科技的合同签了吗？"

"我之前问过顾总，他说合同的事情由他来处理，让我不用管。"舒影一边回答一边心里琢磨着：难道和合同的事有关？项目都已经进场快一个月了，顾函不会还没有和企业签合同吧？

"顾函今天已经提交离职申请了，要去另外一家投行，你问一下筱筱，达鹏科技的合同现在到底是什么状况。"

舒影听得目瞪口呆，顾函确实有好几天没有到项目上来了。舒影挂了电话后立即拨通了筱筱的电话，着急地问："筱筱，上个月我们中标的达鹏科技 IPO 项目财务顾问协议已经签了吗？"

"达鹏科技……没印象有这个项目的财务顾问协议啊，你稍等会儿，我在系统里查一下……嗯，除了签过一个保密协议外，没有和这家公司签署过其他任何协议。"

舒影顿时感觉心跳在加速，她手上并没有那份中标通知书，当时是直接给到顾函的。舒影跑到秋桔的座位旁，喘着粗气说道："我们当时的中标通知书，你那有留底吗？"

"我记得原件是一式两份，一份给到你们顾总，另一份在我们何总那里，不过我这里留了一份复印件。"

"给我看看你那份复印件。"

秋桔从桌面上的一堆文件中翻出那份中标通知书的复印件递给舒影，中标通知书上明确写着有效期 30 天，也就是说，30 天内需要双方签署正式合同，否则，中标通知书失效。算算时间，刚好过 30 天，顾函在这个时候提交离职申请，看来早有跳槽的打算，一直压着合同没签，应该是打算把项目带走。

这时刚好有人过来找秋桔，那人正是秋桔这几天陪着吃饭的隔壁办公室的其中一人，让舒影惊讶的是那人向秋桔索要的资料竟然也与上市相关。舒影站在他俩不远处，等那人拿到资料走后，舒影上前问秋桔："刚刚那人是谁？为什么也要这些资料？"

秋桔见舒影问起刚才那人，敷衍着说道："就是一家机构，领导安排我对接一下。"

"是哪家机构？"舒影紧接着问。

"这……"秋桔有些支支吾吾。

"不会……和我们是同行吧？"

看着舒影穷追不舍的样子，不问清楚是不会善罢甘休了，秋桔犹豫了一下，最后还是凑到舒影耳边小声说道："听领导说也是一家投行，让我单独给他们安排一间办公室。"

"我们不是已经中标了吗？怎么还会安排其他投行进来？"

秋桔四处张望了一下，见近处并没有其他人，继续凑近了一些说道："这我确实不太清楚，都是领导交代的工作，不过那两人和你们顾总认识，我和他们一起吃饭的时候聊天，他们还经常提起顾总呢。"

舒影愣在那儿半天说不出话来，感觉脸上发烫，浑身有股热气从下往上涌，仿佛可以听到心跳的声音。顾函一边拖着合同不签，一边又安排其他投行的人进驻项目现场，难道就是等着中标通知书到期后摊牌……

第七章　跳槽

顾函带着项目跳槽一事让人始料不及。不管怎样，当务之急是要让领导尽快知晓事情的真相。想到这儿舒影拨通了曲建新的电话，急促地说道："曲总，达鹏科技的协议还没有签署，中标通知书上约定的有效期三十天刚刚过，顾总应该是打算把项目带走，已经安排其他投行的人进驻项目现场了……"

"我已经知道了。"曲建新打断了舒影的话，语气倒是显得很平静，说道："我和达鹏科技的董事长赵总已经约好了，明天下午我和李总一起去企业拜访，现场工作你们一定要做好、做到位，千万不能有半点疏忽。"

"明白!"舒影挂了电话，心情久久不能平静，不久前和顾函一起去争取客户的场景仍然历历在目，仿佛就在昨日。

下班后舒影沿着深南路毫无目标地走着，看着马路上车流穿梭，行人行色匆匆，不禁想起那句"尘世里车来人往喧嚣无静，浮华间缘起缘灭流转不歇”。虽然已记不起出自何处，但放在当下却十分应景。一个月前大家还一起并肩作战去争取客户，而现在却在互相厮杀。舒影掏出手机打算给顾函打电话，几番犹豫之后，最终还是没有将电话拨出去。她让自己渐渐平静下来，每个人都有选择的自由，商场如战场，处处都是竞争，明修栈道也好，暗度陈仓也罢，也许这就是残酷的现实。

第二天上午，舒影到茶水间接水，在达鹏科技公司的过道上刚好碰到顾函和另外一个西装革履的人迎面走来，看样子顾函在给旁边那人引路，有说有笑。

舒影感觉顾函身旁那人挺眼熟，仔细回想了一下，想起那人正是前段时间在3H咖啡馆和顾函一起玩德州扑克的。当时正是此人和顾函打招呼拉他玩牌，所以舒影印象深刻。舒影停下脚步，目光直直地注视着顾函，顾函故意将视线闪躲开，并没有正面直视。两人就这样擦肩而过，一切都显得很冷漠，好像并不认识似的。顾函引着那人朝着达鹏科技董事长的办公室走去。

“那不是你们顾总吗？旁边那人又是谁？”秋桔望着顾函他们的背影问道。

舒影拽着秋桔的胳膊把她送回自己的办公位上：“你今天很闲吗？快把昨天我要的资料帮我准备好。”

秋桔向着舒影做了个鬼脸，也没再多问，埋头开始忙自己的事。

舒影回到办公室后根本静不下心来工作，不知道顾函会去跟企业怎么说，也不知道项目是否还能留住。

“你猜我刚才在过道上碰到谁了？”舒影实在忍不住了，小声跟坐在旁边的肖劲平说道。

“谁?”

“顾总，他还带了个人一起去了董事长办公室。”

“……哦，做好你自己的事，管那么多干吗?”

本以为肖劲平会很感兴趣，没想到两句话就把她给打发了，不过转念一想，确实也是，这都是领导们的事情，她操心也没用。

“对了，下午我有点事得出去一趟，这边的工作拜托你先帮我盯着啊。”肖劲平最近三天两头地有事往外跑，舒影也不好多问，只是答应下来。

下午的时候李纬山和曲建新来了，曲建新见舒影在项目上便把她叫上一起。董秘何平也在董事长的办公室，大家坐下后，曲建新首先说道：“我们进场应该也有一个月的时间了，舒影你先跟赵总和何总汇报一下项目的情况吧。”

舒影把前期的尽调情况和项目申报的时间安排仔细汇报了一遍，汇报完后，曲建新说道：“我们投行内部人员有些变动，相信你们已经知道了。投行人员流动比较普遍，整个行业都存在这种情况。但是我们保证绝对不会因为人员的变动影响到项目的正常推进，给公司带来的不便之处我们深感抱歉。达鹏科技是我们的重点项目，相关情况我跟公司领导也汇报了，领导很重视，要求我们加强项目人员投入，确保不会给项目带来任何影响。”

何平面色凝重，长叹了口气说道：“曲总啊，我之前也在上市公司待过，投行人员的稳定性对项目的推进太重要了，我们这项目才刚启动没多久，连项目负责人都走了，不得不让我对后面的工作担忧啊……”

这时，李纬山直接打断了何平的话：“赵总、何总，今天我们应该是第一次见面，其实早就应该来拜访的，拖到现在才来见两位是我的责任。首先非常感谢达鹏科技在公开招标中能够选择我们天通证券，这是对我们投行专业的肯定，也是一种信任。我在天通证券已经有十多年的时间了，这一路走来最大的成就感就是陪伴很多中小企业不断成长，为企业的发展真正带来价值。我们珍视客户对我们的信任，客户的利益永远是放在第一位的，这也是我们在投行这个专业领域脱颖而出的原因。当然，这个行业人员流动比较普遍，但是，铁打的营盘流水的兵，这些年来有人离开，也有更多优秀的人才加入，而我们的整体实力和服务客户的能力是在不断提升的。我在公司内部也一再跟他们强调，投行是系统性的专业化服务，包括项目的整体把握和各方协调、监管部门的专业沟通、公司的投资价值分析等，这些都不是个人的能力所能覆盖的。投行要想做大，不是靠个人的单打独斗，而要靠公司、靠平台……”舒影坐在一旁看着李纬山，这还是第一次在客户面前听到李纬山讲话，语气坚定，铿锵有力，舒影恨不得把他所讲的每句话都刻进脑子里。

听完李纬山的一番话后，赵树岷回应道：“非常感谢李总对我们公司的重视，上市这个事情我们公司也是下了很大的决心，投入非常大，既然要做就一定要做好、做成。我也非常认同李总刚才所讲的，我们做实业的对资本市场完全是陌生的领域，需要有专业的机构来辅导我们。当初招投标指定的保代和项目负责人变动，我们内部也需要再评估一下。既然我们已经启动了上市，也不想因为这些事情影响到我们的上市进度，我们会认真考虑尽快答复。”

双方领导就上市工作的推进做了一些更深入的交流。谈话结束后，赵树岷召集主要的几位董事和高管开会，任逢、陈安泰、何平都在，常飞平时不怎么来公司，所以这事暂时没有通知他。赵树岷的办公室虽然很大，但是几拨客人接待完后已经被熏得烟雾缭绕，很有点云里雾里的感觉。

等大家到齐后，赵树岷首先说道：“我们这个项目投行保代和负责人跳槽的情况你们应该都知道了，今天上午顾函带着他去的下家投行来找我，下午曲建新也带着投行的领导过来，这个事情要尽快有一个结论，我们公司在这件事情上可拖不起。”

何平抱怨道：“可不，顾函前几天找到我，非要安排新的投行人员进场，如果不是陈总做工作，我肯定不会答应的。”

陈安泰深吸了一口烟，吐了一口烟圈，缓缓地说道：“当初选择天通证券的时候，很大程度上也是因为项目是顾函负责，没想到没过多久他就跳槽了。我支持顾函那边先派人进场也是考虑两手准备，不管最后定哪家投行都不至于影响我们项目的进度嘛。”

“要我说啊，当初直接就选天域证券，不用搞什么招投标，也没那么多事儿，我前一家上市公司就是天域证券做的，跟他们投行的人都很熟，人员稳定性肯定没问题。”何平有些激动，一边说一边挥舞着手臂。

任逢平时很少抽烟，这会儿也抽出一支烟来点上：“毕竟我们已经搞了招投标，天通证券也中标了，过去的事就不说了，关键是当下的情况怎么处理。”

“这不还没签正式合同吗？一切都还来得及。”何平接着任逢的话辩解道。

“选投行除了看机构外还要看团队，我倒觉得顾函不错，上午他带着新去的那家投行的领导来，只要我们换投行，项目还是由他来负责，人家投行的领导也表态了会投入最好的资源来推动我们上市，态度也是十分诚恳。”陈安泰一边说着一边把烟灰缸拖过来，抖了抖烟灰。他对顾函如此从一而终，看来顾函在他身上也没少下功夫。

任逢皱了皱眉头说道：“顾函能力确实不错，但天通证券进场都一个月了，初步尽调报告也出具了，我们公司的很多情况天通证券都很清楚。毕竟已经做了大量的现场工作，不跟他们签合同前期他们的工作投入怎么算呀？”

“……”

赵树岷并没有太多发言，听着大家就这样你一言我一语地讨论着，各执己见，两小时过去了，也没讨论出个结果。

“要不要出去吃个饭回来再继续啊？饭点早过了，总不能饿着肚子在这儿讨论吧。”虽然大家都已经饿得前胸贴后背，最后还是陈安泰按捺不住了。

“还是叫盒饭吧，这一来一往地出去吃饭，来回两小时又没了。”对何平的提议大家都点头表示赞同，谁都不想因为这个事情熬夜加班。何平拿起办公桌上的座机给秋桔打电话让她统一订了盒饭。

大家接着讨论，赵树岷在办公室里背着双手来回踱步，这时，手机振动了一下，竟是李纬山发来的短信，信息是很简单的几个字："M 资本如有兴趣，可接洽。"

M 资本是一家大型投资集团，专门投资技术型企业或以技术为驱动的创新型企业，所投企业大部分实现了在国内及海外上市，这些年来凭借优秀的投资业绩在市场上声名鹊起。如果能获得 M 资本的注资，对达鹏科技上市定会有很大的帮助。

收到信息后赵树岷立即结束了这场令人精疲力竭的长时间讨论。

第二天，赵树岷和李纬山约在一家五星级酒店的咖啡厅见面。李纬山穿着十分休闲，并不像前一天在赵树岷办公室那样衣着正式，看样子是刚刚打球归来，赵树岷也是高尔夫球爱好者，二人很自然地便聊开了。

"赵总，有考虑上市前做一轮 Pre－IPO 融资吗？"

"确实有考虑，这阵子也接触了不少的投资机构，对我们公司都很感兴趣。"

"上市审核期间的时间不可控，如果公司确有资金需求可以考虑再做一轮融资，不过仅仅是引入财务投资者就意义不大了。"

赵树岷把身体往李纬山的方向稍微靠拢了一些说："愿闻其详。"

"财务投资者着眼于短期财务回报，关心的是退出方式和投资回报率，对公司的长远发展就没那么在意了；而战略投资者一般都会有一些深厚的产业背景，除了获得投资回报外，更看重其战略目标，不仅投钱，还可以通过资源整合促进公司的长远发展，追求的是双方的合作共赢。"

赵树岷点了点头表示认同，说道："从公司的长远发展和融资需求来看，确实应当引入战略投资者。”

“另一方面，如果有知名的投资机构背书或站台，对公司未来在资本市场上的形象提升将有很大的帮助，不仅对上市，对上市后的资本运作也大有裨益。”

“不过……这类投资机构我们并没有太多的渠道接触……”

“M 资本我想你应该也有所了解，这些年在投资界可以说是风生水起，我们之间合作过不少项目，昨天我跟 M 资本的创始合伙人大概介绍了一下你们公司的情况，他十分感兴趣。”

听到 M 资本对公司有兴趣，赵树岷立刻兴奋起来：“那太好了，李总可一定要帮忙引荐一下啊！”

“那是自然，这两天可以约场球，大家好好聊聊。”

“好，就这么说定了。”

赵树岷回到办公室后，何平正好来找他，询问昨晚讨论的事情是否有了结论，毕竟现在两家投行都进驻现场确实也不合适，需要尽快决断。

赵树岷缓缓地从座椅上起身，绕到办公桌的前面，转过身看着办公桌后墙壁上所挂的牌匾，牌匾很精致，上面洋洋洒洒地写着“以诚立信　以信致远”几个大字，赵树岷专注地看了好一会儿，然后开口说道：“你知道这块牌匾的由来吗？”

何平顺着赵树岷注视的方向望去，心里实在琢磨不透董事长为什么会突然问到这块牌匾，自从何平入职以来，这块牌匾就一直挂在那儿，只当是一件普通的装饰物，确实没有细究过其来由。

“这……不太清楚。”

“我们刚刚创业的时候还没有打开市场局面，那时是何等艰难，我们的产品技术好但成本也高，而同行都在打价格战，当时很多人找到我，让我在产品上做一些让步把价格压下来，我始终没有同意，后来行业内因为低质产品事故导致很多企业倒闭，整个行业重新洗牌，我们的业务也是在那次事件之后迅猛发展。正是因为我们的产品品质上有保障，客户在那次风波中才能幸免于难。而这块牌匾正是客户所赠，作为两家公司长期合作的信物，这些年我一直用这几个字来时刻提醒自己，不要忘记当年是如何起家的，也不要忘记这一路创业的艰辛。”赵树岷转过身来面向何平说道：“我们企业之所以能走到筹划上市这一天，是因为我们始终坚守着诚信二字，言而有信，一诺千金。既然这次招投标选择了天通证券，就应该和他们签约。上市的路还很长，投行是我们的上市保荐机构，后面还需要他们为我们公司保驾护航，虽然其间出现了一些小插曲，但在这件事情上，天通证券的领导也明确表明了态度，只要不是原则性的问题，我们还是应该互相体谅，毕竟是长久的合作伙伴。”

何平原本想着趁机再向董事长推荐天域证券，不过见董事长态度已经很明确了，也不好再多说什么。

赵树岷接着说道：“不过上市对我们公司关系重大，天通证券的项目负责人又发生变动，你和天通证券投行的领导再好好沟通一下后面的人员安排，一定要让曲建新亲自负责，确保人员的变动不会对我们公司上市造成任何影响。”

第二天，舒影接到曲建新的电话，曲建新催促道：“达鹏科技最终还是决定和我们签合同，你赶紧把拟好的合同发给客户，尽快盖章归档。”听到这个消息，舒影悬了很久的心终于落地了。

她立即联系秋桔走合同流程，合同一式两份，秋桔把最终签字盖章的合同递给舒影，舒影看着那份盖着双方红章的合同，思绪万千。

在李纬山的引荐下，赵树岷与M资本的创始合伙人会面，紧接着M资本安排人现场尽调。在实体经济普遍不景气的大环境下，达鹏科技确实算得上是优质项目。经过多次见面沟通后M资本确定了投资意向，作为战略投资者，M资本提出投资后的持股比例不能低于10%，并且委派一名董事。大型投资机构提出这样的要求也很正常，不过在上轮融资的时候达鹏科技与红利资本估值谈得过高，并且在增资协议中约定了反稀释条款。目前金融危机下市场的整体融资环境并不好，M资本在估值方面比较坚决，反复沟通下来已基本没有协商调整的空间了。达鹏科技考虑到M资本在市场上的知名度和资源优势，经过内部讨论后还是打算引入M资本，但本轮估值将直接触发公司上轮融资与红利资本增资协议中的反稀释条款。

常飞是红利资本委派到达鹏科技的董事，当初红利资本对达鹏科技的投资也主要由常飞主导，虽然平时红利资本并未干涉公司的经营管理，但必定本轮融资直接关系其切身利益，赵树岷只能找红利资本沟通。

红利资本的办公地点设在一处别墅区的内院，很是隐秘，开车进入小区后七绕八拐才能抵达，小区深处有个内湖，湖的四周建有亭台楼阁，别有洞天，红利资本那四层楼高的别墅正是傍着这片内湖而建，即使是不懂“风水”的人也识得这是片宝地。

赵树岷在别墅的大厅等候，大厅中式装修，正中间摆放着黄花梨桌椅，侧面是金丝楠的茶艺根雕，与墙角处金丝楠材质的花架遥相呼应、相得益彰。正堂的墙面上挂着一幅精致的《深宫春晓图》，画的下方是一张黄花梨的案几，案几上供奉着一尊释迦牟尼的金身雕像。

赵树岷稍坐片刻后，红利资本董事长马总从二楼下来，看上去满面红光，十分精神。两人到会客室落座，一番寒暄后，赵树岷说道："最近 M 资本有意投资我们，各方面的条件都谈得差不多了，所以这次特意过来征求股东的意见。"

"这可是好事儿啊！有 M 资本帮着站台，说明当初我们的投资还是很有眼光的，哈哈哈……"马总的笑声在那间虽然不是特别大，但在装修十分讲究的会客室内显得极具穿透力。

"不过……M 资本是战略投资，他们坚持投后占比要在 10%以上，并且要委派一名董事。"

马总笑嘻嘻地立马回复道："这没问题！你们商量确定就行……比起这些我更关心的是这轮融资的估值，虽然我们投资时间不长，但是这轮融资完成后至少也能让我们账面浮盈吧！"

赵树岷面露难色，沉默了一会儿说道："关于这轮融资完成后的估值我想来之前常总已经跟你汇报过了，我这次来正是想商量此事，经过这么多轮的谈判，M 资本的估值与上轮融资一致，不过 M 资本进来后对公司未来发展是有好处的……"

马总的脸色瞬间暗沉下来："关于这一点确实不好办了，你们要融资我们支持，要增加董事我们也没意见，不过既然当初协议中约定了反稀释条款，上市前不得发行权利优先于或等同于红利资本投资的股权，那就得按协议来。"

“这我明白，不过这也是情况特殊嘛，毕竟也是为了公司的长远发展考虑。”

马总将双手放到脑后，托着脑袋，缓缓地说道：“赵总，即使我同意，其他的合伙人也未必会同意啊！再说了，我们投资的那么多项目都签订了反稀释条款，如果说改就改，那么岂不形同虚设了。”

“……或者能不能用其他变通的方式灵活处理?”

马总并没有立刻回复，他站起身来走了两步，停住脚回过头来语气低沉地说：“如果要灵活处理也可以，由你来补偿或向红利资本无偿转让部分股权我们也可以接受。”

赵树岷是公司的实际控制人，马总提出这样的做法也符合当初协议的约定，不过就赵树岷个人而言肯定不愿采用这样的方式。事已至此，赵树岷只能作罢。

当初引入红利资本是达鹏科技的第一轮融资，虽然融资金额不大，红利资本投资的占比也不高，但上轮融资却把估值抬得很高，再加上反稀释条款对红利资本利益的保障，直接加大了后续融资推进的难度。企业发展过程中都有阶段性股权融资的需求，但并非估值越高越好，有时候过高的早期投资估值反而使企业后续的融资及股权结构的调整陷入困局之中。

M 资本最终还是没有入股达鹏科技，不过达鹏科技选择继续与天通证券合作。这场投行间的项目争夺战也算是尘埃落定，然而投行人员跳槽带来的变动却还没有结束……

过了大概一周的样子，肖劲平把舒影叫到走廊的一个角落处小声说道：“跟你说一件事儿，刚才钟律师在办公室不太方便。”

见肖劲平小心翼翼的样子，舒影笑道："怎么神秘兮兮的，搞什么鬼？"

"我要离职了，等下和你把达鹏科技项目的工作交接一下。"

"你也要离职？去哪里？"

肖劲平凑近了，小声说道："跟顾总一起走。"

这个消息太突然了，舒影万万没有想到肖劲平会和顾函一起离开。不过回想起最近肖劲平老往外跑，这才明白过来："曲总知道吗？"

"我已经和曲总说过了，曲总让我和你把工作交接好，听说后面林霏会抽调过来跟达鹏科技这个项目。"

第二天，曲建新来到项目现场，林霏也一起来了，曲建新把林霏介绍给大家认识，说是对达鹏科技项目重视，特意从其他项目抽调人员过来支持。项目现场又回到了之前的氛围，没有人再提起曾经发生过什么，秋桔还是像以往那样热情，时不时地往中介机构的办公室跑，大家也是有说有笑，只是顾函和肖劲平再也没有来过，隔壁的办公室也空了出来，而曲建新经常出现在项目上。

有一天快下班的时候，舒影突然收到顾函发来的消息："下班后有空吗？到 Coco Park 的酒吧喝一杯。"经过这么多事情，舒影确实想听听顾函的说法，便答应下来。

Coco Park 是中心公园版情景式购物中心，周边都是高档写字楼，各金融机构的总部大厦都聚集在此。其侧面的一条街正是深圳有名的酒吧一条街，即使到了凌晨时分也灯火通明，很多白领一族白天在职场辛苦打拼，到了晚上就到酒吧喝上一杯，放松心情。

舒影到了酒吧，坐在面向酒吧入口处的软椅上，时间还早，酒吧人不多，乐队也还没有开始演奏，只是放着舒缓的轻音乐。过了会儿，一个熟悉的身影走了进来。

顾函见舒影面前只是摆了杯白水，问道："你点了吗？"

"还没有。"

顾函朝着服务员招了招手，要了两杯酒。

两人沉默了一会儿，最后还是顾函先开口了："最近还顺利吧？"

"托顾总的福，一切顺利。顾总另谋高就还能记得起老同事真是难得啊！你这次跳槽转会费应该很高吧？"舒影对顾函显然心存芥蒂，话语中带着些许不满的情绪。

顾函端起酒杯摇晃了一下，并没有喝，又把酒杯放回了桌面上："你难道认为我就是为了那笔转会费？"

舒影冷笑了一下："难道不是吗？"

大概几秒钟的时间，双方都没有说话，顾函转换了话题问道："你也看三国，我问你，诸葛亮为什么不去投奔东吴，而是选择了刘备？"

没想到顾函会突然扯到历史上去，舒影将身子靠在软椅的后背上，琢磨着顾函抛出的问题，想了一会儿回答道："江东是一个历经了孙坚、孙策、孙权三代人苦心经营发展起来的利益集团，人才众多，关系复杂，而张昭、周瑜又是孙策创业时的老臣，如果诸葛亮去投奔孙权，那么孙权可以重用他，但不会给诸葛亮足够空间施展他的才华。"

“不错，这也正是我离开天通证券真正的原因，我现在也独立带团队了，留在天通证券是很难跨出这一步的。”顾函不失时机地顺着舒影的回答隐喻到自己身上，和顾函接触这么久下来，他那以古喻今的本领确实是无人能及，不得不令人佩服。

“那你也不应该再回过头来抢达鹏科技项目啊？”

“呵呵，你觉得我要是真想抢达鹏科技这个项目，你们最后会这么容易和企业签合同吗？”顾函的话让舒影有些诧异，顾函停顿了一下，接着说：“达鹏科技项目是我去下家谈判的筹码，只有手上有足够多的资源才能为这次跳槽争取到更多的利益。没错！我故意把合同拖过了三十天没签，其实也就是打个时间差，对天通证券也没什么影响。”

舒影想着达鹏科技最后还是和天通证券签了合同，顾函的话倒也听进去了几分，不过舒影继续问道：“那肖劲平呢？是你把他挖走的吗？”

顾函笑着说道：“肖劲平的事你可不能赖我，当初是我介绍肖劲平去的天通证券，在天通证券的时候他也是跟着我做项目，这次我离开好歹也要跟他说一声吧。肖劲平去年通过保代考试，IPO 暂停后苦于没有项目签协办，你很清楚的，没有签字项目出来也就没法注册成为保代，我们做投行的不就是奔着保代去的嘛，刚好我新去的那家投行有个再融资项目可以让他签协办，他跳槽也在情理当中。”

听了顾函的话，好像句句都自有他的道理，舒影的语气也缓和下来。虽然项目比较波折，但最终还是把项目留下来了，而且当初如果不是顾函极力争取，达鹏科技招投标的时候也不会顺利中标。

舒影冲顾函笑了笑，举起酒杯，顾函也从桌面上把酒杯端起来，两人撞了一下杯，一饮而尽。

放下酒杯后，舒影感觉比刚才轻松了许多：“不管怎样，祝福你到新公司一切顺利！不过……以后没有机会和你一起去开拓客户了。”

顾函笑道：“怎么会没机会，投行这个圈子很小，兜兜转转可能最后又碰到一起，再说了，如果以后我团队带大了，你也可以过来，如果你愿意的话……”

离开酒吧，与顾函道别后，舒影感到一丝释然。大家都在不断追寻属于自己的人生舞台，在舞台上去定位自己的角色，是使命的召唤也好，是自我的救赎也罢，只愿，不论走得多远，也勿忘初心。

第八章 股权激励（一）

随着投行跳槽带来的一系列风波平息后，达鹏科技项目的推进步入了正轨，上市前对员工进行股权激励也提上了日程。上市是公司层面融资发展的问题，而股权激励则实实在在关系到员工的切身利益。上市申报前大多数公司都会考虑对员工进行股权激励，达鹏科技这些年发展迅速，下一步关键是如何留住人才、吸引人才。

“老任啊，股权激励这事儿我考虑了一下，估计还是得由你来牵头。”办公室里只有赵树岷和任逢两人，赵树岷坐在沙发上，看着坐在对面的任逢认真地说道。

“之前在领导班子会上不是说由何平统一负责公司上市工作嘛，我现在去插手是不是有点越俎代庖了？”

“这你不用担心，何平那边我会去打招呼。”

任逢的担忧也在情理之中，大家都知道当初公司聘请何平过来担任董秘就是为了上市，现在又让任逢负责股权激励这块工作确实会有些顾忌。

赵树岷见任逢沉默不语，便接着说道：“何平来公司的时间并不长，对各部门人员的了解程度有限，协调方面肯定也比不上你。你在公司已经是元老了，公司这些年来的发展哪些人有贡献你最清楚，公司里也只有你来牵头做股权激励方案我才放心，毕竟涉及股份的事情大家都很敏感。”

任逢见董事长对他如此信任，他本身也在分管人事工作，确实不好再推托了，便说道：“既然这样，那就我来负责吧，不过何平那边你还是要跟他说一下。”

赵树岷见任逢答应下来，满意地点了点头：“好！激励的人数和股权比例我有初步的想法，等下发邮件给你，具体怎么操作你和曲建新他们多沟通沟通，毕竟我们是第一次搞，没啥经验。”

“没问题，放心吧！”任逢挺了挺身体，拍着胸脯说。

任逢回到自己的办公室，思前想后，虽然一口答应下来，但还真不知道该如何着手。这些年来退居二线后人事管理的薪酬体系、奖金分配方案这些他都很熟悉，但是股权激励涉及股份分配，怎么进来怎么退出？上市后能挣多少？交完税后又能到手多少？自己都没搞清楚这些问题又怎么能跟员工讲明白呢。想到这儿，任逢径直往中介机构的办公室走去。

“哟，在忙没？没打扰到你们吧？”任逢笑嘻嘻地说道。

曲建新见任逢进来，放下手头的工作，笑道：“哪里有打扰，任总快请坐。”

任逢坐下后说道：“曲总，我和赵总正在考虑要不要在上市前做一次股权激励，想听听你们的意见。”

“上次 M 资本增资最终没有谈妥，如果考虑做一轮股权激励，建议考虑以增资的方式，这样资金可以投到公司里来。当然，如果老股东有变现的打算，也可以适当考虑部分老股转让。”

任逢想了想说道：“公司发展确实需要资金推动，应该会以增资的方式进来，不过到底是增资还是老股转让，我还得和赵总商量后才能最终确定。”

“嗯，那这次激励范围有多大？你们内部是否有讨论？”

“公司高管现在只有赵总和我有股份，何总来公司负责上市这块工作，赵总当时有承诺给他一些股份，而陈总在公司也好几年的时间了，从财务经理做到财务总监，现在也是公司的核心管理人员，另外，还有这几年招的研发人员、业务骨干也考虑给一些股权激励，算下来有好几十人吧。”

曲建新仔细听着，看来激励的范围不小，便说道：“激励的人员比较多的话，建议还是直接加间接持股。”

“怎么个直接加间接持股法？”任逢追问。

“公司核心的高管人员建议直接持股，其余的激励人员可以通过设立持股平台持股。”

“那这两种持股模式有什么区别？”任逢紧接着曲建新的提议问道。

“从员工的角度来讲，直接持股上市后股票减持缴的税相对少些，如果是设立持股平台间接持股，这样减持的时候会征收两道税，个人税收重些。但是公司这次激励的范围比较大，通过持股平台持股更有利于公司股权的稳定性……”

任逢聚精会神地听着，不放过任何一个字："所以……你建议何总和陈总直接持股，其他的一些中层或骨干通过持股平台来持股？"

"至少控制一下直接持股的范围，不然一旦出现变动就会影响到公司层面的股权结构。"

"如果设立持股平台，那么有没有办法可以合理避税？"任逢追问道，既然想做股权激励那必须把政策情况了解清楚。

"有些地方政策实行税收返还可以部分减免，但这不是国家层面的政策，需要考虑地方政策持续性的问题。不过没关系，你们可以先做，持股平台后面再迁址也可以，这些问题我们都会帮你们把关，不过股权激励的股份怎么分配还得你们自己确定，这才是最关键的。"

任逢琢磨着曲建新的话，他现在也在分管公司的人事，股权激励的关键还是平衡好各方的利益和诉求。

"好，我回去再仔细研究研究。"

任逢离开后马上把人事行政部经理冯晓婷叫到自己的办公室，开始着手研究股权激励方案。

过了几天，任逢拿着一份材料来找曲建新："曲总，我初步拟了一个股权激励方案，还没给董事长过目，你先帮我看看。"

曲建新接过那份材料正准备看，任逢谨慎地问道："股权激励方案是不是和工资薪酬一样也是保密的？员工之间互相不知道吧？"

曲建新抬起头来看了看任逢，笑道："股权激励每个员工的分配股数、入股价格将来都是会公布出来的。"

“啊……”听曲建新这么一说，任逢瞪大了眼睛：“我想着员工就只知道自己分配的股份情况，至于其他人有没有分，分多分少都不知道。”任逢急忙从曲建新手里把那份他草拟的股权激励方案又拿了回去，接着说道：“现在这样分配下去，公告后大家迟早都会知道，如果到时候对分配比例不服气，岂不更糟?”

“不错！股权激励的出发点是好的，是为了激励员工，让员工分享公司成长的收益，但股权激励往往又是一把双刃剑，一旦让员工感觉分配不公平，就会适得其反，反而会影响激励的效果。”曲建新见任逢的表情有些为难，接着说道：“任总，只要把分配的标准定好，大家都一视同仁，这样就不会有什么意见。”

任逢皱紧眉头点了一下头，看来股权激励方案绝不能草率。

接下来的几天，任逢把几个主要部门的负责人召集起来开会，讨论股权激励的问题，可以说是一地鸡毛。平时上班时间各部门都有各自的工作要处理，根本召集不齐，只能下班后部门领导再留下来开会，每天基本都是到夜里才离开，如果不是第二天还要打卡上班，估计大家会继续战斗到天明。无非就是觉得自己部门的贡献大，应该多分些，其他部门又不服气，各种辩解，可以说是公说公有理，婆说婆有理，争执不下，都各执一词。

任逢搞得焦头烂额，又来找曲建新，这一肚子的苦水也只能拉着曲建新倾诉：“曲总啊，赵总把股权激励的事情交给我，我当时还跟他拍着胸脯说保证没问题，现在搞得骑虎难下。我之前也预想到了会有难度，但没想到会这么难搞，你一定得帮我想想办法。谁都知道上市前的股份里面的利益太大，一旦上市成功收益可观，对员工来说，房子、车子可能都有了，而这些也许是他们一辈子辛苦都挣不来的。我本想着把部门负责人召集起来商量，再层层分配下去。没想到几天下来，部门之间争执不休，根本就没结果，我现在一到下班开会这个点，头就疼得厉害。”任逢一边叹气一边摆着手，他也算是久经沙场的老将了，曾经也是冲锋陷阵、开疆拓土，而如今在股权激励这件事上去平衡各方的利益却显得束手无策。

曲建新见任逢一脸无奈，安慰道：“先别急，这种问题我们见得多了，所谓当局者迷，旁观者清，你要是处理不好，倒是可以借我们的名义来处理。”

“如何借你们的名义来处理?”任逢急切地等待曲建新给他出招解围。

“这样吧，我让舒影协助你们人事行政部做一套股权激励方案，比如入司时间、岗位职责、历史贡献、未来对公司发展的重要性等几个关键性的参数指标，每个参数指标再配以一定的权重，这样每个人对公司的重要程度就可以进行量化，至于分不分股份，分多分少就根据各人的分值来确定。这套指标是聘请专业机构根据你们公司的情况定制设计的，这样一来权威性和客观性也都有了，相信大家也不会有太多意见。”

任逢点头表示赞同，曲建新的这个方法算是解了他的燃眉之急。

“好！就这么做，这样一来分多分少也怨不得我，用数据说话，看他们还能有什么意见。”

接下来，舒影和任逢、冯晓婷一起搞了一份股权激励方案，分配名单中每个人拟分配的股份数量都有据可循，方案下发到各部门负责人后大家也没有太多意见，毕竟是专业机构出具的方案。

任逢把方案落实交给各部门去处理。不过没两天，任逢又垂头丧气地找过来："曲总，方案落实我看还是统一召开一个宣讲会吧，由你们来主持，看是各部门负责人参加还是拟激励的员工参加都可以。"

"怎么？推进得不顺利吗？"曲建新问。

任逢叹了口气说道："这两天我让各部门负责人找员工先私下沟通，员工都很有兴趣，不过沟通的过程中员工提出了各种各样的问题，部门负责人回答不了，找到我，有些问题我也不是很专业，一时也回答不上来。"

"原来是这样！这好办，会议具体时间你们确定一下，就让舒影给大家宣导宣导，有什么问题可以现场提出来。"

"那太好了！我这就去安排。"

股权激励宣讲会在公司大会议室召开，舒影把激励方案的相关情况介绍完之后，大家在下面交头接耳地小声讨论着。提出的问题大多集中在员工是否需要马上掏钱、风险有多大、上市预期收益有多少、投资期有多长、员工离职后股份如何处理……针对大家的问题舒影一一解答。宣导会召开得还算顺利，任逢给了大家三天时间考虑，要求三天后每个人上报认购股份的数量。

会议结束后，大家都陆续离开，任逢和陈安泰留在会议室，陈安泰挠着后脑勺说道："任总，这次股权激励我这边分配的比例挺高的，可是我实在拿不出这么多钱啊！"

"亲戚朋友那儿能不能想想办法？听说有些银行针对拟上市

公司高管有专门的信用贷，你也可以试试。”任逢绞尽脑汁，尽量帮着出点子。

“我那些亲戚都指望着从我这儿借钱呢，有些有钱的朋友我也打了电话，大部分都投资出去了，也没留太多现金在手上。银行我也打听了，听说最近信贷收紧没那么容易借出来啊！”

任逢语重心长地说：“这个问题我之前和曲总沟通过，资金来源他们各方中介机构也是要核查的，公司还真帮不上什么忙，主要得靠你自己想办法……”

这时，会议室的门开了，是销售人员王佳。散会的时候他把笔记本忘在了会议室，王佳见任逢和陈安泰正在会议室谈事，比画了一个抱歉的手势，迅速从桌上拿起笔记本，把门带上离去。

陈安泰从会议室出来后径直回到自己的办公室，王佳正在门口等他。

王佳见陈安泰走过来，原本交叉着双脚斜靠在墙壁上的身体立马站得笔直：“陈总，您现在有时间吗？”

陈安泰是财务总监，而王佳是销售部的销售经理，平时并没有太多接触。陈安泰诧异地看着王佳“嗯”了一声，把办公室的门打开，王佳也紧跟着进来。

“陈总，这次股权激励分配股份，因为我来公司时间不久，分到我这儿的股份数量实在很少，所以……我想看看能不能和您合作？”

“怎么合作？”陈安泰原本漫不经心地听着，听到“合作”二字来了兴趣。

王佳挪了挪椅子，这样和陈安泰可以靠得更近些，声音放低了说道："您看啊，这次股权激励那可是要掏真金白银的！虽然说上市后看着收益丰厚，可一样也是要担风险，并不是无本买卖，更不是保本的生意。您在公司那可是相当有分量的人物，股权分配的比例也高，我想着如果能和您合作，在收益上不会让您吃亏，如果要说投资收益率的话，那么可能还更高。"

陈安泰听着王佳绕了半天，不知道他这葫芦里到底卖的是什么药，不过王佳的话已经让他的兴致越来越高了，一定要问个究竟："你说说看，到底怎么合作？"

王佳见陈安泰来了兴趣，便干脆把话说透："您把您的一部分认购份额转让给我，由我来掏钱认购，等到公司上市后，收益的 20% 我给到您。"

王佳说完，目不转睛地看着陈安泰。陈安泰有些僵住了，总算明白了王佳打的是什么主意，他抬起头来看着王佳："这……"

王佳见陈安泰还有些犹豫，继续说道："陈总，这对您来说可是百利而无一害的呀！如果您打算全部认购下来，就当我刚才的话没说；如果您不能全部认购，那么和我合作，您现在也不用拿出太多的现金，但又能保障您的收益。"

陈安泰仔细琢磨着王佳的话，他手头确实是没有那么多现金，但又不想错过这么难得的财富增值的机会，看来王佳向他抛出的诱惑是无法拒绝了，陈安泰沉思了片刻，当场便拿定了主意。

第二天，销售总监蔡亦丹气冲冲地跑到任逢的办公室，说道："任总，不是说好的按宣导会的方案来分配吗？怎么可以朝令夕改？我们销售部这会儿都快打起来了，你今天一定要给我一个说法。"

任逢有些蒙了，也不知道是什么事情把销售总监气成这样。一边忙着倒茶一边笑着安抚道：“蔡大美女快喝点茶消消气，有事儿咱们坐下来慢慢说，因为一些小事儿生气长了皱纹多划不来啊！”

蔡亦丹意识到刚才的举动确实有些失礼，深吸了口气让心情稍稍平静些，坐下来说道：“听说财务总监陈安泰要把将近一半的认购份额转给我们销售部的小王，这小王才来公司没多久，凭什么拿这么多的股份啊？怎么能让我们销售部的其他几名销售经理服气？”

任逢这才明白过来，估计陈安泰筹不到那么多钱私下把认股权给转让出去了，照刚才蔡亦丹的说法，这小王的认购份额都可能超过她了，别说销售部的其他销售经理，最不服气的应该就是蔡亦丹，难怪会气成这般模样。

“呵呵，这个事情我还真不知情，我先找陈总把情况了解清楚。你放心，既然我们聘请专业机构制定了分配方案，肯定得按方案执行。”

任逢好不容易把蔡亦丹给打发走了，急匆匆地找到陈安泰，一屁股坐到沙发上，缓了一口气，说道：“陈总啊，你是不是把将近一半的认股权转给销售部的小王了？”

“你怎么知道的？”陈安泰十分诧异，没想到消息传得这么快。

任逢情绪激动地说道：“整个销售部都传开了，就在刚才，蔡亦丹还专门跑到我办公室来兴师问罪呢！”

陈安泰心想这王佳怎么就这么管不住自己的嘴，和做销售的人打交道还真得谨慎。

“分配的原则机制既然制定了就要按规定来，如果大家都随意私下转让认股权，那岂不成菜市场自由买卖了。”任逢见陈安泰沉默不语，接着说道：“陈总啊，我知道你一时半会儿要筹到这么多钱也困难，可是你也要理解一下我的工作。我好不容易才搞出这套大家都认可的分配机制，如果执行的时候不按原则来，员工都会有意见，股权激励根本就推进不下去啊！”

陈安泰点了点头表示理解。

任逢回到自己办公室后，心想陈安泰的事情肯定不是个例，必须要提前整顿消除隐患。接着，他便在股权激励名单里群发邮件：首次分配无法在月底前筹足资金认购的，视为放弃认股权，剩余股份在愿意追加认购的人员中进行二次分配，二次分配的认购比例按照追加认购人员的认购上限重新按比例切分。邮件点击发送后，任逢满意地喝了口水，这场私下转让认股权引发的风波总算是平息了。

陈安泰收到任逢发的邮件，仿佛看到到手的银子又灰飞烟灭了。如果没有王佳这茬子事儿，筹不到那么多钱他也就放弃了。可是王佳的提议让他心痒痒的，估摸着能不能变通一下，想到这儿，他拨通了桌上的电话：“喂，王佳啊，你到我办公室来一下。”

过了一会儿，王佳进来了，陈安泰让王佳坐下后说道：“任总刚发的邮件你看到了吧？”

“看到了，一个愿买一个愿卖，公司管得可真多。”王佳抱怨着。

“邮件已经下发了，改是改不了，我找你来就是想商量一下你上次提的方案有没有可能变通一下。”

“怎么个变通法？”王佳抬头看着陈安泰。

“你看啊，你要的那部分股份放在我名下，上市后收益的分成还是你八成我两成。”

王佳心里琢磨着，上市后股票增值的利益这么大，不放在自己名下，到时候陈安泰要是不给他，岂不是赔了夫人又折兵？那损失可就大了。

陈安泰见王佳有所顾虑，便接着说道：“你要是觉得不放心，我和你签订一个协议就可以了，我的人品你应该还是清楚的。”

“陈总，我不是不放心您，而是股份放在您名下，到时候我很难变现呀。上次开宣导会的时候也讲到了，高管的股份每年减持是有要求的，我这么大的资金量投进去可等不了那么长的时间啊。”王佳最终还是决定不去冒这个风险，他和陈安泰平时没啥交情也不熟，这么大笔资金放到别人名下估计他连睡觉都不会踏实。

“既然这样，那好吧！”陈安泰有些失望，心里明白王佳是在找理由推托，不过话说到这份上，也不好再强求。

第九章 股权激励（二）

股权激励方案按照任逢邮件的指示在继续推进着，首次分配结束后，人事经理冯晓婷把实际分配情况统计出来，认购不足的股份，按照任逢的指示，又进行了二次分配。

过了几天，冯晓婷带着员工小夏来到任逢的办公室，冯晓婷向任逢指了指旁边的小夏说道："任总，我是实在没招了，只能您来处理了。"

小夏坐下后突然失声痛哭，搞得任逢措手不及，拿起桌上的面巾纸盒，连抽了几下后却发现没了，示意冯晓婷赶紧出去拿纸巾。

任逢把那几张宝贵的面巾递到小夏面前，小夏低着头，呜呜地抽泣着，一把将纸巾拽在手里擦着眼泪，不一会儿那几张纸巾已湿透了揉成一团。

"小夏，你别哭啊，有话好好说。"任逢一边安慰着，一边嘀咕着冯晓婷出去拿纸巾怎么还不回来。这时，冯晓婷进来了，任逢接过纸巾盒放在小夏一伸手便可以拿到的地方。

“到底怎么回事?”

见小夏还没有缓过劲来，冯晓婷说道：“任总，事情是这样的，我们不是在搞股权激励嘛，首次分配的时候小夏没要，现在已经是在二次分配了，按照您定的原则，首次没有认购或者是认购不足的是不能参与二次分配的。可现在小夏哭着喊着又要认购了……”

“任总……”小夏的哭声戛然而止，但肩膀还在剧烈地抽动着，声音有些哽咽，“上次宣讲会完了后，我回去和家人商量，父母觉得股票这玩意儿风险大不是我们能玩的，我们手头也不宽裕，还要还房贷，我就跟人事冯经理说分给我的股份不参与认购了。结果，昨晚我老公出差回来听说这事儿后和我大吵一架，说如果我不能把那些股份要回来，就和我离婚。”说到这儿，小夏又大哭起来，不过旁边的纸巾还算比较充足，应该够她用上一阵儿。

任逢见小夏这架势，今天要不给她解决肯定会赖着不走，便转头问冯晓婷：“之前给小夏分的是多少股份?”

“不多，具体数字我得查一下。”

任逢心想，小夏的股份本来按评测表是有分配的，虽然已经超过了首期认购的截止日期，但通融一下问题也不大，最要紧的是让小夏赶紧离开他的办公室，不然晚上做梦都会梦到女人的哭声，那简直太恐怖了。任逢转过身来对冯晓婷说道：“小夏的情况比较特殊，这样吧，小夏的股份还是正常认购，二次分配的比例对应再调整一下。”

小夏听到这儿，立马雨过天晴，满脸堆笑地对任逢和冯晓婷连声道谢。

小夏和冯晓婷离开后，任逢回到自己的椅子上坐下，长长地舒了一口气，这时桌上的座机响了，一看正是董事长办公室的内线来电：“老任，到我办公室来一下。”

任逢走进董事长办公室，屋里除了赵树岷外还有研发人员许洋，许洋是从竞争对手公司宙峰实业挖过来的，有着美国留学及海外工作经历，专门负责公司新产品的研发。任逢坐下后，赵树岷说道：“许洋刚刚来找我提出离职。”任逢听到这儿惊讶地“啊”了一声，任逢对许洋的印象很深，因为当初他谈薪资待遇的时候还是走的特批流程，薪水比同岗位的其他人高出了一大截，不过人家教育背景不错，技术科班出身，又在美国公司做过，确实有议价的资本，公司招他进来也是作为储备干部培养。

赵树岷接着说：“我问了一下情况，主要是因为这次的股权激励。”

又是股权激励！任逢的脑袋突然一阵晕痛，后悔当初就不应该把这摊子给揽下来，刚打发走了小夏，许洋又找上来了，一个要离婚一个要离职，真是要命！任逢解释道：“这次的股权激励主要是通过几个维度综合评分来定的，许洋各方面条件确实很不错，但毕竟来公司时间不长，分配的股份数量不是很多，不过二次分配的时候可以再追加认购一些。”

许洋说道：“任总，您说的我也理解，毕竟我刚来公司，但是在国外一般都是有期权的，可以先分配到时候再行权。”

赵树岷侧过身来问坐在旁边的任逢："有没有可能这样操作?"

"我之前向投行也咨询过这种操作方法，按照目前在国内上市的要求，股权一定要明晰，如果有期权的情况在上市申报前要么终止，要么落地执行。"

听了任逢的说法，赵树岷有些为难，许洋作为核心技术人员，履历背景披露出去对公司上市无疑是锦上添花，但如果现在离职，核心技术人员的变动对公司影响也不好。

任逢接着说道："不过，上市后还可以做股权激励，到时候期权这些都是可以的，只是目前这个节骨眼上确实没法做期权，直接影响到公司上市。"

听说会影响上市，赵树岷心里立马把许洋提出的方案给否了，许洋提离职无非是想多要些股份，至于是现在给还是将来给，赵树岷心里琢磨还是有商量的空间的，看来要想把他留住只能在其他方面进行补偿了。想到这儿，赵树岷对任逢说道："老任，你先出去吧，我和许洋再好好谈谈。"

许洋最终还是没有离开，至于赵树岷给他画了多大一块饼，或者承诺了什么，就只有他俩才知道。

经过两轮分配，员工持股的名单终于确定下来，只待后续按计划缴款，任逢感到轻松了许多，如释重负。股权激励宣讲会后任逢找舒影咨询了不少的专业意见，几乎天天拉着舒影讨论员工各种问题的应对之策，任逢想着好好感谢一番，特意把舒影叫到他办公室来："这次股权激励方案搞得我焦头烂额，多亏你帮忙才能顺利推进啊！"

"任总客气了，这些都是我应该做的。"

“这样吧，想吃什么？随便说，我晚上请你。”

舒影笑道：“今晚估计不行了，我晚上得参加同学聚会，这饭呀留着下次。”

“好、好！没问题，不耽误你聚会，那我回头再请。”

舒影刚走出任逢的办公室就收到小玥发来的信息，让她帮忙看一份文件，一再强调千万要保密，似乎很神秘的样子。舒影打开一看瞬间傻了眼，那份文件竟是她在达鹏科技股权激励宣讲会上发给员工的股权激励方案，只不过将入股价格每股两元改成了每股三元，扫描文件上依稀还能看出涂抹修改的痕迹。舒影意识到这必定是股权认购份额被有些员工在市场上转让筹资。她并没有立刻回复小玥的信息，叫了一辆出租车径直往晚上聚餐的地方驶去。

舒影到达聚餐地点的时候大伙儿基本到得差不多了，房间里坐了有十多个人，小玥也在，都是舒影的研究生同学，其中大部分在投行工作，还有个别在基金公司或银行。

“哟！大忙人来了，真是太难得啊！”

“你平时都在忙什么啊？人都见不到。”

“毕业后这还是第一次见面吧……”

由于平时太忙，舒影很少参加同学聚会，免不了被调侃一番。舒影忙解释道：“抱歉啊，确实是太忙了，前面几次聚餐都没能参加。”

“这一听就是在找理由，现在IPO处于暂停状态，创业板又迟迟没有推出来，并购市场也不活跃，投行都没有业务，有什么好忙的?”

“就是，回公司也是干坐着没事，也没有项目可去。”

“肯定是在忙其他的事情，老实交代是不是谈恋爱去了？”

…………

舒影平日里和大家聚得不多，没想到其他投行竟然这般清闲。不是说熊市准备、牛市发行吗？难道都不用储备项目吗？不过此刻她很庆幸毕业后能遇到现在的领导，李纬山和曲建新给她灌输的理念一直萦绕于心，尽管忙碌，但却充实。

“以前师兄师姐们回学校做就业讲座的时候老说，毕业后的前几年是最关键的，如果这几年浪费了，估计以后也只能混日子了。我这也只是‘瞎忙’，图个心里踏实而已……”

舒影的话音刚落，屋里忽然安静了下来，过了几秒终于有人打破了沉默：“我们这届进投行的毕业生一毕业就遭遇金融危机，紧接着又是IPO暂停，可谓生不逢时，目前金融危机的影响还没有过去，政策层面又存在很大的不确定性，公司领导看过一些项目但大多数都不靠谱，而且企业也在观望……”

“没错，我们也想忙，可是确实是没有项目可以忙啊！”

“在学校的时候辛辛苦苦考了各种证书，本想着毕业后可以在投行大展拳脚，结果却无用武之地，听说有人都转行了，至少图个稳定……”

这个话题似乎引起了大家的共鸣，纷纷议论起来。这时坐在对面的小玥给舒影递了一个眼色，舒影明白小玥肯定要找她问股权激励的事儿，会意地点了点头，两人趁着大家讨论正在兴头上，悄悄离开了那间屋子，找了一处相对安静些的地方。

“怎么样？我发给你的那份股权激励的文件看了吗？”

“我正想问你，这是谁给你的？是这家企业的员工吗？”

小玥凑近了小声说道：“不是的。是我一个同事的朋友的姐姐，她千叮咛万嘱咐一定要保密。他们公司正在做股权激励，她拿到一些份额，但钱不够在到处筹钱。我平时闲钱都放到银行了，股权投资也不太懂，不过听说收益很高，而且还是原始股，你帮我看看这公司到底能不能投。”

小玥这番话令舒影哭笑不得，问道：“这家公司的基本情况、估值水平你清楚吗？上市申报计划你知道吗？你跟你同事的朋友的姐姐见过面吗？是什么样的人你了解过吗？……”

舒影一连串的问题问得小玥哑口无言，一句话也答不上来。

舒影很清楚，股权代持中的风险并非小玥可以把控和承担的，她心里再三琢磨后还是决定将情况告诉小玥：“这家企业我在辅导上市。”

“啊……”小玥瞪大了眼睛看着舒影。

舒影接着说道：“这份方案上明确写着是员工股权激励，你并非这家公司的员工，根本不可能体现在持股平台的股东名册中，你的钱以什么名义转给对方：借款？股份？”

“……应该是股份吧，说会给一个收据，上市变现后把收益给到我。”

“收据?!”舒影放大声音重复到这两个字，没想到小玥在这件事情的判断和处理上会如此随意，舒影语重心长地说：“在上市之前一切都好说，可人性是脆弱的，面对上市带来的巨大诱惑一般人很难经受得住考验，更何况一纸收据根本得不到法律的保护，即便是有股权代持协议，产生了纠纷也未必就一定能胜诉……”

小玥呆呆地看着舒影，本以为这是一次很好的投资机会，没想到其中竟有这么多的隐患。

这时，同学出来找到她俩：“嘿，同学聚会你们在外面待着干吗？赶快进去啊。”舒影和小玥回到那一间聚餐的房间，大家正在讨论校友会的事情。

有同学见舒影进来了，问道：“对了，舒影，你认不认识顾函？”

舒影愣了一下，纳闷为什么会突然提起顾函，顾函虽是老乡，但并不是校友。

“他现在是我领导，听说是从天通证券跳槽过来的。你不也在天通证券做投行吗？”

舒影心想投行这圈子也太小了吧，绕来绕去都是认识的人，回应道：“嗯，前同事。”

小玥关切地问道：“那……肖劲平也去你们投行了？”

“没错！他跟顾总一起过来的，也在我们团队。对了，小玥，你又不是投行圈的，怎么会认识肖劲平，还知道他跳槽了？”

“因为舒影……”小玥看了看舒影忙解释道。她和舒影曾在酒吧碰到过顾函和肖劲平，再加上小玥和舒影平日里走得很近，对投行圈的事自然也知道一些。

“顾总的承揽能力真强，刚来没多久就搞定了一个 IPO 项目，听说最近要进场了，我要是能参与进去就好了。”

听同学这么一说，舒影突然警觉起来，心想不会又是达鹏科技项目吧，毕竟与天通证券已经签署了合作协议，道理上讲应该不会，不过顾函与达鹏科技的渊源实在太深，舒影还是有些不放心，试探着问了问同学项目的情况。这一问更让舒影紧张了，虽然公司名称同学记不太清楚，不过提到的这家公司的产品和业务竟与达鹏科技一模一样。

这时另外一位同学拿起一根筷子敲了敲摆放在面前的餐具，几声清脆的声音打断了舒影他们的谈话："好了、好了！这些你们私下聊，我们回归主题啊，继续讨论校友会的事情。"

眼下这境况，舒影也不好再继续追问，只能作罢。这毕竟是毕业后第一次参加校友组织的活动，大家的兴趣自然浓厚。

投行同学带来的消息让舒影心里始终不踏实，左思右想后还是决定找顾函问清楚情况。第二天恰好是星期六，舒影发了条信息给顾函约见面，两人来到3H咖啡馆。

"怎么样？达鹏科技要股改了？"顾函首先问道。

舒影刚开始有些惊讶，不过转念一想，顾函知道达鹏科技股改的事也很正常，毕竟他和陈安泰走得那么近。

"嗯，快股改了。听说你最近又承揽了个IPO项目？"舒影试探着问。

"没错，想知道是哪家公司吗？"

舒影心里一震，没想到顾函会如此直接，似乎知道她的来意，于是笑了笑："如果不涉及保密信息，当然想知道。"

顾函将目光四处环顾了一下，凑近了一些，小声说道："是达鹏科技业内最大的竞争对手——宙峰实业。"

"啊……"

舒影做达鹏科技IPO自然研究过同行竞争对手的情况，目前这个细分领域还没有上市公司，而达鹏科技和宙峰实业是业内最有实力的两家公司，她万万没想到顾函转身竟成了宙峰实业 IPO 项目的负责人。看来两家公司未来很有可能会同时在证监会审核，究竟哪家公司能够抢先登陆资本市场成为行业第一股，既是企业之间的竞争，也是投行之间的角逐。

一切，拭目以待！

第十章　募投用地

达鹏科技股改前的准备工作已经落实得差不多，而下一步则是将公司形式由有限公司变更为股份公司。设立股份公司从工商变更的角度来看很简单，无非就是报套材料，换个名称。从投行的角度来看，设立股份公司就是改头换面，将有限公司历史上不规范的问题整改完毕，一旦成立股份公司后就要参照上市公司的要求规范运作。当然从企业的角度来看，设立股份公司就意义重大了，在公司上市进程中或者是企业整个发展历程中都是标志性的事件。

达鹏科技整体变更设立股份公司的创立大会在科技园旁的一家酒店召开，除了公司的董事、监事、高级管理人员外，还有投行、律师事务所和会计师事务所的各方代表参加。酒店会议厅前排墙壁的上方拉着张横幅，上面印着“深圳市达鹏科技股份有限公司创业大会暨第一次股东大会”几个大字。各位出席人员到场后，会议按照预定的时间开始，主持人逐项宣读着议案：公司任命赵树岷担任董事长兼总经理，任命任逢担任董事兼副总经理，任命陈安泰担任董事兼财务总监，任命何平担任副总经理兼董事会秘书，任命常飞担任公司董事……

另外，这次设立股份公司还增加了三名独立董事，算上之前的四名董事，公司董事会一共由七名董事构成。

创立大会结束后大家到楼下的宴会厅用餐，午宴在觥筹交错中拉开了帷幕，大家欢聚一堂互相敬酒，相聊甚欢。

任逢端着酒杯走到曲建新那桌，坐下后感叹道："股权激励的事真是多亏了你们，就像你们经常说到的……要做到公平、公正、公开，既要起到激励的效果，又要让激励对象感受到被公平对待，真心不容易啊！"员工股权激励能够顺利落地实施，任逢可以说是操碎了心，此刻的他感慨良多。

曲建新拿起桌上的酒杯和任逢碰了一下："这次的股权激励绝对做到了兼顾公平和效率，任总现在也算是半个专家了。"

任逢笑道："等公司上市后我争取能成为一个专家。"

"那必须的，就怕到时候任总太专业了都不需要我们了，哈哈……"

这时董事长赵树岷也端着酒杯走过来："这段时间各位辛苦了！今天公司正式变更为股份公司意义重大，标志着达鹏科技在上市这条路上取得了阶段性成绩，感谢各位的帮助与支持！"

大家将杯中的酒一饮而尽。达鹏科技正式进入了上市之路的新征程！

变更为股份公司后，项目报送到当地的证监局进入上市辅导流程。董秘何平与上市中介团队讨论申报前的准备工作，尽管股权激励的事情何平并未操太多心，但其他规范整改工作也并不轻松。毕竟他来达鹏科技的时间不长，要沟通、协调好各个部门配合上市整改工作也少不了下一番功夫。

曲建新首先说道："我们这次上市计划募集资金六个亿，主要用于产能扩建，具体投入包括购置土地、自建厂房和购买生产设备，目前需要确定一下具体的投资项目和金额安排。"

赵树岷心想花钱还不容易，公司有个新项目要上马，正好可以用上市募集资金来解决，便问道："公司正在考虑扩充新业务，这块是否也可以放到募投项目中？"

"上市审核过程中对募投项目的可行性和必要性要求都很严格，需要充分论证，新业务的不确定性比较大，不建议放到募投项目中，不过……新业务可以作为研发的方向单独设置一个研发中心建设项目。"

"既然这样就没太多可讨论的了，公司现有业务的产能扩充项目再加上一个研发中心建设项目，是这样吗？"赵树岷不愧是公司的领导者，三言两语便抓住了问题的关键点。

曲建新点了点头，说道："这样设计募投项目比较常规，涉及监管审核，我们还是以求稳为主。"

"这方面你们是专家，主要听你们的建议。"

"那项目就这么定了，现在需要确定在哪里建厂，土地的招拍挂还需要时间。"

"曲总的意思是我们得尽快把土地证给办下来。"何平补充道。

"现在内地很多地方都在招商引资，鼓励企业到内地发展，也给出了很多优惠政策，不过也要考虑当地政策的持续性、稳定性、交通便利情况、产业集群效应和人员招聘等。赵总也可以考虑在老家设一个子公司，在当地拿块地，作为这次募投项目的实施主体。”

赵树岷琢磨着曲建新的提议，如果这次上市融资能够回家乡再建一个生产基地，一来可以带动家乡经济的发展，拉动当地就业，造福邻里；二来也可以衣锦还乡、光宗耀祖，岂不是名利双收的美事儿。想到这里，他清了清嗓子说道：“我这周回趟老家，了解一下当地关于招商引资的具体政策，如果各方面条件都成熟的话，募投项目就放到那边。”

赵树岷是从一个小城市出来的，这些年他老家搞了一个高新区在招商引资，政策层面也抛出了各种优惠和补贴，像赵树岷这样的成功企业家自然是当地重点招商的对象。

赵树岷和何平到了后，高新区管委会的领导热情地接待了他们，开车带着他们在城区转了转，介绍家乡这些年的发展变化和未来五年甚至十年的建设规划。在车上，赵树岷看着窗外既熟悉又陌生的景象，不禁想到了曾经的少年时代，一幅画面不经意间浮现在眼前：两名青涩、懵懂的少年和一名翩翩起舞的女孩正在宽阔的草坪上嬉戏，清风拂面，女孩回眸一笑，丝丝长发从嘴角处滑落，一切都那么美好，宛如一缕阳光照射入心田……这画面是如此清晰，历历在目，恍如昨日。赵树岷情不自禁地从嘴里蹦出几个字：“愿出走半生，归来仍是少年。”

声音虽小还是被坐在身旁的高新区管委会主任听到了，半开玩笑道：“少年，当然是少年……”

赵树岷这才从久远的思绪中回过神来，连忙回应道："让主任见笑了，一晃离开家乡已经多年了，难免有些触景生情。"

"理解！您这是……少年不负赤子心啊！"这时，车里的人都开怀大笑起来。

城区转完后，接着便组织了座谈会，一走进会议室就见到红色横幅上显赫地印着几个大字"热烈欢迎达鹏科技董事长一行荣归家乡考察投资"。当地国土、财政、税务、工商、发改、环保等各条线的领导都被召集起来，介绍当地产业经济的发展现状、招商引资的具体政策、各种配套支持等。会上，某领导无意间提到宙峰实业的董事长前段时间也到当地进行了考察并确定了投资意向。原来宙峰实业的创始人罗劲帆与赵树岷竟是老乡，之前业内确有传言说宙峰实业也在筹划上市，没想到这两家业内最大的竞争对手上市的募投项目实施地竟然选到了同一个地方，看来这两家公司的董事长都颇有家乡情结。然而，这两家公司不仅仅是竞争对手这么简单，坊间传说两家公司的董事长曾共同创业，因产生矛盾才分道扬镳。传言是否属实不得而知，不过这个话题却十分敏感。

听闻宙峰实业投资的消息后赵树岷究竟会做何选择？是否还会继续将子公司设到当地？何平转过头来看了一眼坐在身旁的赵树岷，只见他眉头紧锁。

轮到赵树岷发言的时候，他首先对家乡的养育之恩表达了感谢，也有意为家乡的发展尽微薄之力。紧接着当场表态除了这次上市募投项目六个亿的投资放在高新区外，后续还要在当地进一步追加投资，上市五年后达到二十个亿的投资规模。另外，他还要在当地专门设立一家子公司，作为募投项目的实施主体，上市融资的资金会增资到这家子公司，未来公司的业务也会重点向子公司倾斜。何平坐在一旁听得直冒冷汗，难不成他是被竞争对手宙峰实业给刺激了？会前说得好好的就募投项目放到当地，明明六个亿的投资规模转眼就变成了二十个亿。

赵树岷这一番慷慨陈词让在座的各部门领导心花怒放，听说二十个亿的投资大家眼睛都瞪大了一圈，心里盘算着这么大规模的投资带来的每年的产值和税收贡献，能够解决当地多少人员的就业，又能带来多少配套产业的发展。各部门纷纷表态将全力支持达鹏科技的投资项目。

座谈会后大家坐车到高新区规划出的开发地块实地考察，赵树岷看中的地块恰好在宙峰实业拍得的土地旁边，虽说两块土地紧挨着，但达鹏科技的地段明显要好很多，交通也更便利。赵树岷望着眼前这一大片平整的土地，想象着几年后达鹏科技厂房林立的气派景象，内心激动不已。

与当地高新区管委会及各部门领导将大体投资框架谈妥后，赵树岷有急事需要处理先行离去，何平留下来洽谈具体投资细节。高新区所在的小城市每天到深圳只有固定的两次航班，由于时间不凑巧，赵树岷只能先坐城际铁路到省会城市再转飞深圳了。

赵树岷坐在车厢里，拿起一份报纸随意翻了翻，大多是当地一些民生方面的新闻，扫了一眼标题并没有太多能吸引他注意的新闻，便将报纸放回前方座椅后背的储物袋中。车子已经向前开动，赵树岷侧着身子看着窗外，车窗外流逝着的不仅仅是风景，还有回忆。和那年一样的季节、一样的天气，窗外的景色似乎也一样，一切好像都没有变化，一切好像一去不再复返。赵树岷默默地在心里感叹，此时已有些倦意，于是开始闭目养神。

……突然感觉有人拽了一下他的左胳膊，赵树岷睁开眼睛，坐在身旁的罗劲帆递了瓶矿泉水过来，赵树岷接过来拧开瓶盖灌了一大口，竟呛得直咳嗽。罗劲帆一边拍打着他的后背一边叨叨："你这喝水的习惯怎么老不改，每次都这样，现在不像以前在学校可以任性着来，我们可是要创业的，在客户面前可千万不要这样……"

"就是喝得急了些，下次不会了。"赵树岷咳得涨红了脸。

"你说……我们这次辞了工作南下创业能成功吗？"

赵树岷将身子重新坐直了一本正经地说道："机会面前就不要犹豫了，我可不想一辈子在单位耗着，过着一眼就可以看到头的生活。你不也一样吗？"

罗劲帆笑了，用胳膊肘碰了一下赵树岷说："所以同学们都说我俩比亲兄弟还亲嘛！想法都一样。"他将赵树岷刚喝过的那瓶水放回包里，似乎突然想到了什么，眼神暗淡了下来说道："我听一个做生意的叔叔常说，商场之内无兄弟，我俩以后不会成为对手吧？"

赵树岷转过身来盯着罗劲帆没好气地说："怎么可能？你在瞎说什么！"

罗劲帆从赵树岷激动的语气中听出了生气的味道，十分懊恼自己无厘头地扯出这个话题，赶紧赔罪道："我都是在瞎说，你别往心里去。"

赵树岷情绪渐渐平复下来，撇了撇嘴说："如果真有那么一天……我们订一个君子协议吧。”

罗劲帆没想到赵树岷会顺着他的话往下说，心里有些担心刚才的那番言语是否真的惹恼了对方，怯怯地问道：“什么君子协议？”

“如果有一天我们真的成为了竞争对手，谁都不去抢对方的客户。”

“好！好！”罗劲帆连声应道，他并不在意赵树岷提出怎样的君子协议，只要确认赵树岷没有生他的气心里就踏实了……

……车厢里报站的声音响起，终点站已经到了，赵树岷回过神来，看了看他旁边空着的位置，根本没有罗劲帆的身影。赵树岷不禁笑了一下，不过瞬间又收回了那刚刚泛起的笑意。

罗劲帆！行业内最大的竞争对手！他现在到底在如何布局市场？下一局又将是谁胜谁负？昔日的君子协议在残酷的现实中早已被撕扯得粉碎……

赵树岷起身整理了一下衣衫，抖擞了一下精神，拖着行李离开了站台。他拿起手机拨通了曲建新的电话：“曲总，募投项目实施地的政策情况基本了解清楚了，公司这次上市的募投项目确定就放到我老家，也算是为家乡做贡献。”

“那太好了，这也算是两全其美的好事。募投项目需要当地的环保部门和发改部门出文，和当地沟通好，另外土地用自有资金先购置，钱要准备好，尽快把土地证办下来。”

“这没问题，听说我们要上市，地方上相当支持，这次招商引资给到我们的优惠力度特别大。”

“国土、财政两条线，按照当地正常的挂牌价购置土地，当地的补贴支持必须要有相应的政策依据，这些都落实了吗？”

“这……”赵树岷只谈大方向，这些细节哪会考虑，不过涉及上市，他心里清楚不可掉以轻心：“要不……你们安排过来一趟，帮我们也把把关！”

曲建新让舒影去跑一趟，舒影来到募投项目实施地与何平碰面，并且安排了会议集中讨论。会议持续了整整一天，终于将项目落地的细节敲定。

会议结束时天色渐暗，高新区管委会的领导邀请大家共进晚餐，庆祝双方合作有了实质推进，第二天就可以递交正式材料。在去饭店的路上，何平接到赵树岷的电话，得知事情已基本落实后赵树岷催促他晚上赶回深圳，明天一早参加一个重要的会议。何平查询了一下航班，晚班机还有最后一个班次，他顾不上吃饭便直接赶赴机场，后续事情只能委托舒影代为处理。

长时间的会议下来，舒影已有些疲乏，见何平匆忙离开，本想早点回酒店休息，但高新区管委会的领导执意要尽地主之谊，盛情相邀，实在不好推辞。到了饭店的包间，屋里已经坐满了人，当地各条线的领导都在，舒影心里不免有些紧张，没想到阵势这般大，关键是桌上还摆放着好几瓶白酒，顿时有种孤军作战的感觉，后悔没有坚持离开。

刚坐下，在座的各位领导便纷纷议论起来。

“天通证券就是达鹏科技上市的保荐机构吧，我有一个侄子从美国留学回来后就去了香港，也是做投行的。”

“企业上市一定要保代签字才行，你们这才是真正的一字千金……不对，何止是千金啊！”

“听说保代考试很难，能够通过的都是精英！”

听着大家就这样你一言我一语地议论着，舒影实在有些不好意思，忙解释道：“各位领导，我还不是保代呢……”

“快了、快了，等达鹏科技上市就是了。”

…………

投行在很多人看来是很神秘的职业，这个话题自然成为席间议论的热点。舒影本没什么酒量，但这种场合下，一桌子都是当地的领导，只能硬着头皮喝。以往在酒桌上都有顾函帮着挡酒，可如今她不得不靠自己硬撑。

酒过三巡，舒影有些头晕，借着上洗手间正好到屋外透透气。一阵凉风吹过，她感觉整个身体都轻飘飘的，在走廊上深一脚浅一脚地摇晃着，突然一个踏空，身体猛地向前倾，还好被人扶住才不至于摔倒。

舒影勉强抬起头，用余光往那人的方向望去，朦朦胧胧中好似见到一张熟悉的面孔。

顾函？

怎么可能？一定是错觉！舒影使劲地揉着双眼。

“你怎么喝这么多？不能喝酒也不知道躲酒。”耳旁传来熟悉的声音，似乎还带有几分责备之意。

那人把舒影扶到就近的一把椅子上：“你在这里等我一下。”

虽然酒后有些上头，不过她可以肯定那人就是顾函，可是他怎么会出现在这里？

过了一会儿，顾函拿着舒影的包从那间包间出来，把她带回了酒店，见她安然入睡后将房门轻轻带上离去。

第二天一早，舒影被床头刺耳的座机铃声吵醒，她以为是酒店客服打来的电话，睡意朦胧中直接将电话摁掉，刚挂断电话铃声又响了起来。舒影极不情愿地接起，电话那头传来顾函的声音："是我，半小时后一楼餐厅见。"

舒影看了看时间还不到七点，酒劲虽然已经散去，但头还是晕乎乎的，她冲了个澡换了身衣服下楼来到餐厅。

餐厅的人不少，舒影一眼看到了顾函。他身着藏蓝色的西装，白色的衬衫并没有系领带，很休闲的样子，在墙角和座椅之间的空地上放着一个行李箱，行李箱的拉杆上还套着电脑包。

舒影随意取了一些自助早餐坐到他对面。

"昨晚……"

"昨晚你喝得有点多，幸好遇到的是我，要是遇到坏人就麻烦了。"

舒影有些尴尬，这一生最囧的两次都被对面这男人看到了。一次是上班第一天被雨淋得全身湿透；另一次就是喝醉酒，这也是唯一的一次喝醉。

过了会儿，舒影轻声问道："你怎么在这里？"

"出差。"

"你……也住这家酒店？"

"高新区附近也就这一家酒店还不错，出差到此基本都住在这里。我这边事情已经办得差不多了，等下直接去机场。"

何平曾跟舒影提起过，宙峰实业上市的募投项目也投资在这里，看来顾函是为了宙峰实业的事情而来。现在两人毕竟在不同的投行，再加上各自负责的两家企业还是竞争对手，舒影也不好细问。

“糟了！”舒影好像想到了什么。

“怎么了？”

“昨晚我和高新区管委会的领导吃饭，走的时候都没跟他们打一声招呼……”

“昨晚和你喝酒的那些人我都很熟。放心吧，我已经跟他们说过了。”

的确如此！顾函出差到此无非也是和高新区招商引资相关部门打交道，自然很熟悉，不然昨晚又怎能轻易将她从那场饭局中带走。

“你们真对089地块感兴趣？”顾函突然这么一问让舒影十分惊讶，她和何平这次来就是落实089地块的竞拍。难不成宙峰实业也看中了这块地？不过转念一想应该不会，宙峰实业的项目用地就在089地块的旁边，面积也不小，作为上市的募投用地已经足够了，不应该对这块地再有所觊觎。

还没等舒影回答，顾函已起身去取水果。舒影也没再多想，或许他就是随便一问。

回到餐桌后，顾函一手端着一盘水果，一手递了一杯热牛奶过来：“这个对肠胃好。”

“谢谢！”舒影接过那杯热牛奶，心底暗自庆幸遇到顾函，不然昨晚真不知该如何收场。

同舒影用完早餐后顾函便直接去了机场，舒影找管委会领导处理后续的事情。

管委会领导正在开临时会议，舒影被工作人员带到管委会领导的办公室等候。办公室的墙面上红字白底地贴着“解放思想、实事求是”八个大字，看上去已经有些年头了，室内的茶几上摆着一个青花瓷的陶瓷杯，工作人员拧着开水壶进来沏上茶水。内地的天气比深圳要凉很多，这个时节没有暖气，近期又有冷空气袭来，虽然舒影裹了一件外套，但坐在那儿仍然觉得后背凉飕飕的，她试图用双手去捂住那陶瓷杯，杯身却十分烫手，只能把手又缩回来，身子止不住冻得偶尔颤动一下。

会后管委会领导回到办公室，见舒影来了，热情地招呼着：“抱歉啊，久等了，昨晚你早早就回去了，多有招待不周之处啊，怎么样……昨晚没喝多吧？”

“还好，不胜酒力，让领导们见笑了。”

“昨晚席间顾总进来说是你朋友要先送你回去，刚开始我们还纳闷你们怎么会认识，后来一想你们都是深圳过来的，还都是做投行的，呵呵，也就不奇怪了。”

见管委会领导脸上掠过一丝怪异的神情，看来是误会了，舒影忙解释道：“我们以前是同事，后来他去了别的投行，所以还算熟……”

管委会领导扬着手笑道：“明白、明白！看得出来顾总很细心，有他照顾你我们也放心……”

看来是越解释越解释不清，舒影只好作罢，一边和管委会领导闲聊一边从包里的文件袋中取出递交申请的材料。

文件竟然少了一份，不应该啊！昨晚离开会议室的时候还特意清点了一下，直到刚才都没打开过文件袋。舒影又仔仔细细地翻了几遍材料，确实是少了一份文件。这时，舒影脑海中忽然闪过一个念头：顾函，难道真的是他？

舒影努力回想昨晚发生的一切，隐约印象中回去的路上包里的东西似乎掉出来过，不过她昨晚头昏沉得紧，实在想不起来过多的细节。文件袋是透明的，首页放着的正是089地块的资料，如果顾函在给她收拾包里东西的时候留意到了这份文件，又有意阻挠参与这次089地块竞拍的话……

确实不排除有这种可能。舒影拿起手机拨打顾函的电话，语音提示对方已关机，这会儿他应该已经上了飞机。

“材料不齐吗？”管委会领导见舒影一阵慌乱地翻找资料，忍不住问道。

“嗯，少了一份材料，达鹏科技重新盖章送过来的话估计最快也要明天才能提交。”

“看来也只能这样了……”

舒影收拾好文件正准备离开，迟疑了一下，问道：“宙峰实业对089地块也有兴趣吗？”

管委会领导先是一愣，随后说道：“089地块的地段确实不错，地理条件优越，道路交通便利，宙峰实业之前确实对这块地兴趣比较大，不过最终招拍挂竞拍的是旁边的地块。”

眼下境况舒影只能在当地多待上一天，回到酒店房间后，舒影靠在床头半躺着，手里拿着遥控器，望着对面的电视屏幕发呆。财经频道上不时交替着股票即时行情播报和评论员的解说。电视上的画面和声音舒影一概没有注意，满脑子想的都是那份不翼而飞的文件，但令她不安的是如果顾函有意为之，这背后的动机绝不是补一份材料这么简单。

果不其然，过了没多会儿舒影收到陌生电话号码发来的信息约她见面，提到事关089地块的竞拍，见面的地点在当地一家名为江城物流的公司。舒影来到这家公司，公司建设面积不大，但装修很现代化，管理也很规范，关键是所处的位置竟然紧挨着089地块，也就是说，这家公司和宙峰实业拍得的土地分别位于089地块的两侧。舒影在前台登记后被领到了一间会客室，过了一会儿，一位四十多岁的男子走进来，从衣着风格、样貌特征上判断，显然不是当地人，那男子示意跟着进来的小姑娘去煮两杯咖啡，他看上去十分讲究，接着操着一口粤语味儿的普通话说道："舒小姐，辛苦跑一趟了。"

舒影接过那男子递过来的名片，原来是江城物流公司的董事，不过名片上同时还印着香港江城投资公司法务总监一职。

"何先生，今天约我来是为了089地块一事？"

"不错！我听说你们有意竞拍089地块，我想在竞拍前有些事情有必要向你们陈述清楚。"

"愿洗耳恭听。"

这时小姑娘端着两杯咖啡进来："这是咖啡豆现磨现煮的，何先生特意交代的。"整个办公室都充满了浓郁的咖啡香味，对面坐着的何先生向舒影比画了一个"请"的手势。

何先生也随即端起面前那杯冒着热气的咖啡喝了一口，似乎很陶醉的模样，享受着那沁人心脾的咖啡芳香，他将杯子放下后说道："此前，当地管委会与我们香港江城投资公司曾签署过一份合作开发协议，约定建设江城国际现代物流产业园，由江城物流公司（项目公司）分三期申请取得项目土地，也就是说以江城物流公司的名义参加协议项下土地的招拍挂。但是我们在顺利取得一期土地并开发建设后，江城物流公司却因产业准入条件的限制，无法参与后续土地的竞拍。”

舒影意识到何先生口中的后续土地很有可能就是指089地块，便说道：“这次089地块竞拍资格方面确实有产业限制，要求建设内容为‘电力设备/产品制造业’，这也是参与这次竞拍的前置条件。

“这方面我们也咨询过律师，土地出让时设置产业类别确实是允许的，但这与我们此前和管委会签订的竞买地块的开发建设协议冲突。当初签署协议时约定将089地块预留给我们用于合作开发建设，我们已经对物流产业园的整体战略规划进行了统一布局，而在二、三期土地竞拍时却因产业限制被拒之门外，严重影响了我们公司业务的发展，违背了合作的初衷。”

舒影刚刚进来时，在园区的门口观望了一下，这么小块面积确实无法建设国际现代物流产业园，但办公楼和部分园区配套设施都已经建起来了，如果不能在089地块继续按计划建设，确实会对公司运营带来很大影响。

“那……你们打算如何解决?”

何先生的脸色变得凝重起来，说道：“我们的律师正在准备相关资料，接下来我们会提起诉讼，如果你们还是执意要竞拍089地块，将来我们有可能会法庭上见!”

舒影沉默了，何先生见舒影没有接话，忙解释道：“舒小姐，我并没有恶意，只是善意的提醒，希望你能够理解。”

“感谢何先生的告知和提醒，我们会综合评判考虑。”

舒影心里清楚，089 地块属于国有建设用地，如果达鹏科技按照招拍挂程序取得土地使用权，具备法律效力。但该地块是作为达鹏科技上市的募投项目用地，未来在 IPO 审核中如果涉及诉讼，确实有可能会影响到上市进度。

离开江城物流公司后，舒影接到顾函回过来的电话。

“我已经到深圳了，这边阳光明媚，暖和多了！”

“这么急着回深圳，是不是一不小心把我的东西也带回去了？”

“哦，什么东西？”

舒影见顾函不愿承认也没再追问，说道：“算了，现在也用不到了……江城物流公司是你让他们联系我的？”

“哈哈，他们公司的咖啡还不错，我上次去喝了一杯至今还念念不忘，既然你在那边正好去品尝一下！”

“确实不错！关键是……这咖啡里还很有料。”

“有料就好，还好没让你失望。”

挂了电话后，舒影联系赵树岷让他再多方打听江城物流公司的情况。经证实确实如何先生所言，他们正在准备起诉。在这个节骨眼上，自然是多一事不如少一事。达鹏科技最终没有竞拍 089 地块，不过上市的募投项目用地还是放在了当地。

第十一章 合同租约骗局

何平找到曲建新了解上市工作的推进情况："曲总，如今股份公司已经成立，募投项目的土地问题也基本落实，前期该规范的规范，该整改的整改，应该就等创业板这股东风吹起了吧？"

曲建新回应道："需要股改前规范处理的相关问题基本都已经落实了，不过目前达鹏科技的厂房都是租赁关联方达策实业的，关联方厂房租赁的问题在申报前要尽量解决。"

达鹏科技并没有自有房产，这些年来一直都是租赁达策实业的厂房，而赵树岷正是达策实业的大股东。关联方厂房租赁一事何平哪能做主，还得由董事长才能定夺，何平只能请赵树岷到会议室来一起商议。

听说要解决关联厂房租赁的问题，赵树岷的脑海中立即浮现出找房、搬迁、人员流失等一系列的问题，自然不愿意，他说道："达鹏科技租赁达策实业厂房的租金都是按照市场价格来支付的，银行转账凭证都有，这些你们都可以核查，厂房我们都租了这么多年了，搬迁的话免不了对生产会有影响……”

曲建新提议道：“涉及厂房搬迁确实比较麻烦，或者直接把资产置入上市主体内，把租赁的厂房给买过来或是直接购买达策实业的股权。”

赵树岷皱着眉头说：“把达策实业的房产买过来涉及的税应该很高吧……如果是购买股权，还涉及达策实业其他小股东的利益……这个问题确实不好办，一定要解决吗?”

“尽量解决，审核中关注的问题越少越好。”

达策实业并没有太多实际业务，主要资产就是土地房产，赵树岷并未打算将这块资产一起打包上市，而如今因关联租赁的问题牵涉出来实在令他为难。赵树岷犹豫了一下说：“既然这样，何总你联系看看，在我们生产基地附近有没有合适的厂房，面积和现在租赁的厂房差不多就行，交通一定要方便，员工的食宿问题要能妥善解决。价位嘛，你多比较看看……”

赵树岷跟何平交代完厂房购置的任务后，转过身来对曲建新说道：“曲总，你看这样是不是就可以彻底解决关联方租赁的问题了?”

曲建新自然明白赵树岷不愿将达策实业厂房置入上市主体的原因，也不好再追着不放。

事情定下来后，何平便开始着手在生产基地附近寻找是否有合适的厂房。一连看了好几天都没有找到满意的，要不就是价钱太高超出了公司的预算，要不就是交通或配套设施不满足购置要求。这天，何平又在外面忙着跑了一天，晚上回家吃饭的时候，何平的太太见他耷拉着脑袋，一边盛饭一边问道："什么事情啊？看把你弄得愁眉苦脸的。"

何平叹了口气，说道："还不是因为公司买厂房的事儿，连着看了几天了，也没有看到合适的。现在厂房的市场价都不便宜，可是公司预算就这么多，真是巧妇难为无米之炊啊！"

"你们公司也真够抠门的，买厂房又不是菜市场买菜，现在好一点的厂房都很紧俏。"

"没办法，公司上一轮融资的时候并没有考虑厂房购置，本来还想再融一轮资，不过最终没能谈妥，所以资金就紧张了一些。"

"对了，你们看哪里的厂房？"

"最好是现在租的达策实业生产基地附近的，这样搬迁的时候也方便一些。"

"我前同事他们银行现在倒正在拍卖一处厂房，位置离你说的那地儿很近，价格肯定是比市场价便宜。"何平的太太曾在银行系统工作了多年，对银行拍卖资产的情况比较了解，这番话让何平来了兴致，不过听说是拍卖的厂房不免有些谨慎，何平放下碗筷问道："银行拍卖房有没有什么问题？"

"银行拍卖的房产是借款人在断供之后，银行拍卖房屋追回贷款的一种方式而已，只是程序上比普通的房屋购置转让要复杂些。"

"那程序上会不会很麻烦，大概需要多少时间？"

"据我了解，那处厂房是不需要法院批准和参与的，所以拍卖过程比较快，应该不会拖太久。不过你们公司要真有兴趣的话得抓紧，听说原房主最近在到处筹钱，如果原房主在房屋交易完成之前向银行还清了欠款，交易就自动取消了。”

何平心想，如果这次厂房能顺利拍下来，不仅能解他的燃眉之急，还能帮公司捡个大便宜。兴奋地说道：“好！我明天就去跟进这事儿！”

第二天，何平便到拍卖的厂房实地考察了一番，厂房的整体构造和布局基本符合要求，这里距离他们原本租赁的达策实业的厂房也就二公里，即使搬迁也不会对生产和人员安置造成太大影响，并且都在一个区，不会牵扯到不同税局的沟通问题，搬迁后对税收的缴纳也不会带来任何影响。只是这厂房目前并没有空置，一家电子厂看上去还在正常生产运营。一旁的工作人员解释道，这厂房的原房主将厂房租给了一家叫易信的公司，不过易信公司只是一个二房东，又把厂房转租出去了，租给了这家电子厂。这电子厂已经在这里好几年了，不过这租期也快到了，也就不到半年的时间。何平心想租期不到半年影响也不大，等租期一到就把厂房收回来，也不会影响到搬迁。何平考察下来总体还算满意，性价比也高，便向董事长汇报了相关情况，很快就确定了下来。

何平办事确实利索，没过多久就把银行拍卖的厂房搞定了。办理相关手续的时候工作人员特别提醒道，拍卖的房产是带租约的，买卖不破租赁。购买带租约的房产后新业主还要继续履行租约，不能马上收回房产，但可以收取租金。

厂房的事情落实后，何平心里这块石头算是落地了，心情也放松了许多。募投项目土地及招商引资相关协议还需要签署，赵树岷催着何平赶紧过去对接。

何平正在办公室收拾，准备奔赴公司募投项目的实施地。人事行政部经理冯晓婷找到何平：“何总，最近投行和律师在梳理我们的租赁合同，刚刚拍下来的厂房现在租给了一家叫易信的公司，毕竟这租约还没有到期，我们和易信公司的租赁合同得赶紧签下来。”

何平一边整理着桌上的文件，一边说道：“这没问题，就按投行和律师的要求来规范就是了。董事长让我马上去他老家落实土地招拍挂的事，后面还要找当地的外经局、环保局、安监局和国土局等一大堆部门呢，这边购买厂房后续的事情就交给你了，既然我们要上市，程序上一定要规范不能马虎，租赁合同该签署的签署，该备案的备案，有事我们再电话联系。”何平说完后看了看手表，便拖着行李箱匆匆离开了。

易信公司的老板刘胜立正在接听那拍卖掉的厂房租户的电话，刘胜立唯唯诺诺地说道：“贾总啊，实在是不好意思啊，我知道那厂房您是要续租的，我和原房东口头也已经说好了，租期延长，可是谁知道他欠了那么多的债务，转眼厂房就被银行拿去拍卖掉了……您先别着急，我来想想办法……对对对，都是我的失误……您放心，绝对不会影响到您生产的……”只听到“嘟嘟嘟”的几声，对方早已把电话挂断了。刘胜立在办公室跺着脚转来转去，像是热锅上的蚂蚁，这时秘书敲门：“刘总，外面有人找……”

“不见！”刘胜立大声吼道，秘书吓得直哆嗦。刘胜立尽量让自己平静下来，问道：“是谁?”

“说是达鹏科技的，好像是因为租赁合同的事情。”

刘胜立稍稍缓和过来："让她进来吧。"

秘书把冯晓婷引进了刘胜立的办公室，互换名片后，刘胜立的表情瞬间阴转晴，殷勤地招呼着："冯经理，快请坐，小王，还不赶紧去倒茶。"

刘胜立拿着冯晓婷的名片又看了看："达鹏科技？冯经理今天来找我……"

"刘总打扰了，我们公司刚刚拍下了一处厂房，据了解，这厂房之前和贵公司是有租约的，这次来主要是重新办理一下租赁手续，等租期到期后我们再收回来。"

"哦，原来是这样……这厂房你们是打算自己用还是租出去？"

"当然是自己用了。"

"既然你们已经拍下这厂房，按流程来交接就是了，后面安排一个人和我们对接就好，何必还亲自跑一趟？"

"主要是这份租赁合同我们要得比较急。"

"原来是这样……不过这合同可能没那么快，这几天在跑个重要的订单，公章没在我这边呢。"

"这样啊，有没有办法协调一下？"

"那实在是没办法，你要是早一天来公章都还在……对了，合同带过来了吗？"

冯晓婷从包里把租赁合同的文件拿出来递给刘胜立："合同我已经带过来了，一式两份，是标准合同，我们公司已经签字盖章了。不过关于租赁到期日、租金这些都还空着，按你们和原房东之前的合同来就行了。"

刘胜立仔细把合同翻了一遍，朝着门口大声说道："小王，把李总叫到我办公室来。”

只见那秘书赶紧推门进来，似乎一直就在门口守着似的，战战兢兢地回答道：“刘总，李总他不在公司，出差去了。”

“哦，对，瞧我这记性！没事了，你出去吧。”

小王出去把门带上后，刘胜立说道：“冯经理，之前和原房东签的那份协议在李总那里，他今天刚好也不在公司，你看这样行不？合同先放在我这里，等把相关条款核实，盖完章后我第一时间给你送过去。”

“这……”

刘胜立见冯晓婷有些犹豫，拍着胸脯说道：“你放心，保证不会误了贵公司的事。公章带走了，我也很着急啊，等会儿再催一下他们办完事后尽快把公章给带回来。这公司里还有一大堆文件等着盖章呢！”

冯晓婷见刘胜立话都说到这份上了，也只好答应，把一式两份的合同留在了刘胜立那里。

过了两天，冯晓婷收到一份快递，正是刘胜立寄来的，仔细一看，冯晓婷简直吓傻了，如果心脏不够坚强的话，估计都要当场昏厥过去。合同租期延长了十年，如果达鹏科技提前终止合同收回租赁房产，就需要承担一笔高额的赔偿金。

冯晓婷赶紧拨打刘胜立的电话，电话一直关机。冯晓婷在办公室实在坐不住了，拿着那份合同直接冲到易信公司找刘胜立，秘书根本拦不住她，刘胜立见冯晓婷闯进来后，跟小王示意让他先出去。冯晓婷把那份合同“啪”地拍在桌上：“刘总，这合同是怎么回事？”

刘胜立不紧不慢地把合同从桌上拿起来，装模作样地翻了翻，说道：“这合同有什么问题吗?”

冯晓婷气愤地说道：“原房东和你们的租期明明还有不到半年的时间就到期了，怎么这份合同将租期延长了十年?”

刘胜立笑道：“原来是这事啊，我还以为出了啥大事呢。这租期我之前和原房东就已经说好了再延长十年，租金三年内维持不变，以后每三年调整一次，根据同等条件的房产租金价格水平双方协商确定，不过租金涨幅不得超过3%。你们不知道吗?”

“租约到期后这厂房我们公司是要收回来自己用的，不可能跟你们再延续十年的租约。”

“我老刘做生意这么多年从不强人所难，如果你们继续租给我，租金按照协议每年照付，都是按市场价格水平来的，绝不会让你们公司吃亏。如果你们公司实在要收回这厂房，随时都可以，不过需要按合同支付赔偿金。”

“你……你这是敲诈!”

“冯经理，你这么大顶帽子扣下来我可不敢接啊！这一式两份的合同是你带过来让我签字盖章的，里面的相关条款也是你让我根据和原房东的约定来填的，这白纸黑字的你可不要抵赖啊!”

冯晓婷没想到刘胜立这般厚颜无耻，这一趟看来注定是要碰一鼻子灰了，继续纠缠下去也不会有什么结果，只好放了一句狠话先离开了。

达鹏科技召集大家讨论租赁合同被骗的事情，何平临时也被叫回了深圳，曲建新和舒影也接到了会议通知。遇到这种事情无异于被土匪给抢劫了，冯晓婷在一旁早已泣不成声。

“好了好了，先别哭了，有没有咨询过律师，能不能从合同签订违背真实意愿来推翻?”赵树岷打破了沉默。

冯晓婷颤动着身子，一边抽泣着，一边不停地用纸巾擦着脸上的眼泪，说道：“我已经问过了，估计……很难。”

“这房子买来本来就是解决关联方厂房租赁问题的，现在却租给了第三方，租期还十年这么长，这怎么跟证监会解释啊，自己有厂房不用，非要租给别人，再去租关联方的厂房，越来越说不清了。”任逢一边摇着手，一边无奈地说。

何平自责道：“都怪我，如果当时我在，可能就不会这样了!”

“和你没关系，都是我的错……我太容易……相信人了……”冯晓婷哽咽道。

赵树岷打断了他们：“好了，不管是谁的错，事情已经这样了，关键是当下怎么处理?”

“十年租约，这个房产拿在手里意义已经不大了。”曲建新说道。

赵树岷犹豫了一下说：“如果把它卖掉呢?”

舒影提醒道：“这么大块资产拿下来后转手又卖掉，到时候审核也会关注原因背景，本身就是拍卖受让的房产，一定要市场化，不然很容易让人怀疑这里面存在利益输送或其他不可告人的原因。”

何平说道：“我问问吧，我们拍下来的时候价格还算是便宜的，不过现在再转手，还是带有十年租约的房产，价格方面不太好谈啊……”

“先了解一下市场情况，实在不行，即使亏点钱也要把这厂房给转让出去，亏着卖总不至于怀疑我们是为了套利吧。”赵树岷显得十分无奈。

“好，那我尽快联系一下买家。”何平心里也不是滋味，来达鹏科技也有一段时间了，本想借着拍得这么一处各方面条件都不错的厂房可以尽快在公司确立自己的地位，没想到一番折腾之后还搞出这么一个烂摊子，至少以后在董事长面前他是不敢也不愿再提及此事了。

厂房售卖的消息放出去后，不少买家都有兴趣，不过一看带十年租约都使劲压价。刘胜立在办公室里打着电话，半靠半摊地躺在那张软皮沙发上，感觉整个身体都快陷进去了，他一边叼着根雪茄，一边跷着二郎腿，典型的暴发户形象。“贾总啊，事情已经办妥啦……那必须的，兄弟办事您放心，那厂房您爱租多久就租多久……好好，改天咱哥俩好好聚聚……”

刘胜立挂了电话后又拨通了原房主的电话：“喂，兄弟，最近咋样啊……听说达鹏科技现在正在转手卖你那厂房呢，怎么样？有没有兴趣再给买回来？”刘胜立压低声音捂着嘴继续说道：“我使了一个偷梁换柱之策，跟他们签了十年的租约，现在转手卖不起价……便宜……行行，你要凑不到钱就算了……也是，你要有钱的话早赎回来了。”

刘胜立估摸着把厂房买下来也就定金和首付还有些税费，其余可以贷款按揭，干脆一不做二不休直接把这厂房给买下来得了。不过，他这次让达鹏科技吃了这么大的亏肯定是不会卖给他的，只能另外找一家公司来买。刘胜立靠在沙发上盘算着，脸上露出一丝阴险的笑意。

过了几天，小夏来到冯晓婷的办公室，递给她一份资料：“冯经理，我们挂出去售卖的厂房和这家公司已经谈得差不多了，这是协议文本和相关资料。如果没问题的话，我这边就提交合同用印申请了。”冯晓婷接过资料翻看了一下：“行，那就赶紧去办吧。”小夏正要走出办公室，被冯晓婷给叫住了：“先等等!”

自从上次厂房租赁合同上吃了大亏后，冯晓婷也是小心、谨慎了许多，凡事多长了个心眼。冯晓婷带着那叠资料来到何平的办公室：“何总，今天钟律师在不在我们公司？在的话能否请他核实一下厂房受让方的情况?”

何平意会地看了看冯晓婷，拨通了钟律师的电话。钟律师来到何平的办公室，何平把刚刚冯晓婷带进来的资料递给他：“钟律师，这是我们刚谈的一家厂房受让方，相关条款帮我们把把关……另外，也帮我们查一下这家公司是否和易信公司，还有那个刘胜立有没有什么关联。”

“没问题，我先看看资料。”

钟律师离开了办公室。过了一会儿，何平接到钟律师的电话：“何总，我看过了，协议条款没什么问题，不过合同对方公司的法人代表与刘胜立都在另外一家公司担任职务，虽然合同对方从股东层面看和刘胜立没有直接的关系，但背后应该有些牵连。”

何平告知冯晓婷后，冯晓婷心里一紧，还好让律师查了一下，不然又会被那刘胜立再给坑一把。冯晓婷也算是公司的老人了，不过一直负责公司人事行政等对内的工作，哪里知道江湖险恶、人心难测。她这次也算是吃一堑长一智，还想再蒙她也没那么容易了。冯晓婷拿起桌上的座机："小夏，你先拖着递资料的那家公司，就说……公司领导最近都在出差，回来再处理，另外，联系其他买家，有任何情况及时向我汇报。"小夏不理解冯晓婷的态度怎么忽然转变这么大，眼看着各方面的条件都谈得差不多了却要推倒重来，不过也不好多问，只能按照冯晓婷的意思去办。

刘胜立最终还是没能如愿把厂房买下来，不过，达鹏科技当初拍下来的厂房低价转让出去，折腾了一番后还损失了不少，也是哑巴吃黄连，有苦说不出。

关于关联方厂房租赁的问题仍然还没有解决，曲建新建议道："达策实业的土地厂房不能直接转让的话，可以考虑通过收购达策实业股权的方式间接收购生产基地。"

赵树岷问道："怎么间接收购？"

舒影解释道："赵总，曲总的意思是达策实业剥离除生产基地之外的其他资产，达鹏科技购买达策实业的股权间接购买厂房，这样就可以通过股权转让的形式将生产基地的厂房装到拟上市主体内。"

曲建新说道："没错！达策实业目前的收入主要是收取物业租金，也没有其他的生产经营活动和业务收入，将达策实业与生产基地无关的资产进行清理，按照账面价值进行收购，也不会有太多的税务负担。"

舒影接着曲建新的话继续说道："收购完成后，达策实业成为达鹏科技的全资子公司，达鹏科技的固定资产增加，资产结构得到了优化。收购后虽说每年厂房的折旧摊销费用会增加，但同时每年的租金费用会减少，综合算下来对达鹏科技每年承担的费用影响并不大。”

“目前来看，这是最优的解决方案，不仅可以减少关联交易，优化资产结构，公司还可以获得更加稳定的生产经营场所，增强公司在银行抵押贷款的融资能力……”

赵树岷仔细听着曲建新和舒影的建议，心里也盘算着这笔账：“你们说的我都听明白了，可是达策实业毕竟不是我一个人的，资产剥离和股权转让还得先征求其他股东的意见，我尽快约另外几位股东见面讨论一下再给你们答复。”

赵树岷与达策实业另外几位股东的约谈并不是很顺利，大家都看好未来的房价走势，不愿意在这个时候出手。整个过程中赵树岷也并未十分坚持，对他本人来讲，最好的情况无非是达鹏科技顺利上市，而达策实业的房产继续保留在上市主体之外，这样他既能享受上市的溢价，又能兼得体外资产的增值。

草草应付之后，赵树岷找到曲建新试探地问道：“听说达鹏科技是因为上市要收购达策实业的股权，价格方面目前很难谈拢，大家最终还是没有达成一致。厂房的事情估计一时半会儿也成不了，要不我们先把材料报到会里，如果会里明确提出关联方厂房租赁的问题我们再来解决，我到时再去做达策实业其他几位股东的工作，看这样行不行?”

若涉及资产独立性的问题将构成发行障碍，这也是曲建新一再坚持的原因。不过曲建新心里清楚赵树岷的考虑，看来也只能等审核中明确提出后才能让赵树岷真正下定决心来解决问题了。

第十二章　创业板开闸

关于创业板开闸的消息在业内已经传开，资本市场上再度掀起了一阵热潮，创业板孕育了十年之久，大家都在议论是否会在当下破茧而出。2009 年上半年，主管部门闪电般地公布了创业板上市暂行办法，各种配套法规相继出台，监管政策频出已远远超出了人们的预期，资本市场那颗敏锐的心又蠢蠢欲动起来，仿佛已经嗅到了那股强烈的市场回暖的气息。

李纬山坐在办公室里正在接听投行北京部打来的电话，一如既往严肃的表情下渗透出一丝掩盖不住的欣喜，挂了电话后李纬山快步走出那间办公室，对坐在正对面卡座的筱筱激动地说道：“快！通知部门所有人下午两点回公司开会，不得请假。”

下午深圳部所有人都提前到了会议室，如此着急地组织开会，肯定是北京那边传来什么消息了，大家纷纷猜测着，交头接耳，互相打听。这时李纬山拿着笔记本走了进来，会场瞬间鸦雀无声。李纬山坐下后环视了一下大家，见人差不多都到齐了，说道：“今天中午北京部传来消息，接到会里通知，七月创业板正式开始受理材料。”听到这个消息，大伙都抑制不住内心的激动小声议论着，会场开始躁动起来，像是被捅破了的马蜂窝似的发出“嗡嗡嗡”的声响。过了几秒，李纬山敲了敲桌子，大家渐渐安静下来，等待领导下一步的指示。

“创业板开闸是一次历史性的机遇，启动之初肯定需要储备一批优秀的创业板上市公司，审核和发行上市的速度必然会加快。对投行来说，创业板推出后整个行业格局可能发生改变，谁拥有更多的储备项目，谁就能抢占到更多的市场先机。第一批申报的创业板项目一定要优中选优，不仅要满足创业板上市的要求，在行业和成长性方面还要有一定的代表性。等一下把每个团队手头成熟的项目逐一梳理一下，筛选出第一批申报创业板的项目名单，后续公司统一检视申报安排。”

接下来的会议，每个团队把在手项目情况进行了详细汇报，初步挑选出第一批创业板申报项目名单，而达鹏科技也在创业板第一批申报名单之列。

部门会议结束后，曲建新第一时间拨通了达鹏科技董事长的电话：“喂，赵总，好消息！证监会已经明确了正式受理创业板申报材料的时间，我们公司把达鹏科技列入了第一批创业板的申报名单中，时间非常紧张，接下来一定要全力以赴准备申报。”

“好！好！”赵树岷在电话那头回应着，虽然只是简单重复的一个字，内心却透露出按捺不住的激动与喜悦，期盼已久的那股东风终于吹起来了，而这一次达鹏科技正好立于风口之上。

“我等一下和何总联系，明天上午召开中介机构协调会，重新安排申报工作的时间表。”

“没问题，一切听你们安排！”

第二天是星期六，不过对上市来说，无所谓工作日还是休息日，只要有需要，即使是深更半夜也得把人拉起来。星期六一早达鹏科技的会议室就已挤满了人，赵树岷、任逢、陈安泰、何平和易秋桔都参加了会议，还有各方中介机构的项目组成员，除了会议室那张椭圆形的主桌外，外围的一圈也坐得满满的。大伙儿面前整整齐齐地摆放着笔记本电脑或资料，等待记录下一步的工作安排。

曲建新清了清嗓子说道：“今天把大家召集起来开会，相信大家都已经有所耳闻了，接到会里的最新消息，IPO 重启已基本确定，创业板很快会开始受理材料。对达鹏科技来说，这是一个很好的申报时机。”

“那我们是报中小板还是创业板？”赵树岷插话问道。

“从申报条件来看，我们项目两个板块都满足要求。不过创业板刚刚启动，会里没有存量项目，审核速度会更快些。而且，创业板对企业的成长性和行业属性有新的要求，我们判断创业板的市盈率会更高。”

赵树岷仔细听着，琢磨着曲建新的建议：“那是不是意味着申报创业板的话能更快上市，也能融到更多的钱？”

“可以这么理解。”

“这个你们是专家，你们确定就行，下一步我们应该怎样配合？”赵树岷也不再纠结板块的问题了，自有投行把关，对他来说只要能赶紧上市，至于上哪个板块倒显得没那么重要。

“由于IPO重启和创业板开闸的速度超出我们之前的预期，七月就要申报材料，时间紧、任务重，申报前的工作需要重新安排、梳理。等一会儿舒影把新的时间表逐条过一遍，在此之前，几项关键的工作我先强调一下。”曲建新停顿了一下，对坐在他侧面的林霏和舒影说道：“我们这边得赶紧把招股说明书确定下来。关于公司的业务情况，何总组织公司销售、采购、生产和研发各部门的负责人参与招股书讨论，今天会后把初稿发给大家，留星期日一天的时间给大家看材料，星期一上午讨论。”林霏和舒影一边在电脑上敲打着做记录，一边点头应道：“没问题！”

“会计师的审计报告需要抓紧时间，审计报告不出来，投行和律师的很多工作都无法推进。”曲建新接着安排任务，坐在桌子对面的信天仰会计师事务所的田老师信誓旦旦地说道：“放心吧！等下我马上联系所里，加派现场人手。”田老师是负责达鹏科技审计的项目经理，虽然不到四十岁，但长时间的熬夜加班在额头和脸颊上都留下了痕迹，不过透过那略显疲惫的面容看得出田老师曾经也是一个大美女。

“律师的法律意见书和律师工作报告初稿尽快出来。公司这边需要各个政府部门出具的无违规证明文件一定要在申报前拿到，否则直接影响到项目申报。”

曲建新将影响申报时间的几项重点工作强调后，让舒影把新的时间表又在会上重新过了一遍，各方达成一致后便各自开始开展手头的工作，项目申报正式进入了最后的冲刺阶段。

星期一上午舒影按计划组织公司管理层和各部门负责人讨论

招股说明书初稿。除了财务总监陈安泰注意力习惯性地集中在财务数字上外，其他人翻着那厚厚的财务分析早已一阵晕眩，不过对公司的业务章节倒还颇有兴趣。

“招股说明书展示了公司的过去、现在和未来，‘过去’就是公司从设立开始是如何一步步发展起来的，‘现在’就是公司目前的业务和财务状况，而‘未来’则是公司上市融资后投资项目的发展前景。招股说明书撰写得好与不好，关键看能否抓得住公司的‘魂’，股票能不能卖个好价钱则要看能不能挖掘出公司的投资价值，投资者会不会为公司的未来买单。”舒影起初担心这额外安排的工作大家不会积极对待，会议一开始还特别强调了招股说明书的重要性，不过她后来才意识到这样的担忧完全是多余的，股权激励后参会的管理层和各部门负责人也都是公司股东，公司上市与否直接关系到他们的股份是否可以增值变现，岂会不重视？

大家翻看着各自面前那厚厚的招股说明书，圈圈点点地标注着，舒影接着说道：“财务章节会后单独再与财务总监陈总讨论，今天会上我们主要讨论业务章节，这一章说得直白些就是要说清楚几个问题：公司是做什么的？做得怎么样？为什么能做好？核心竞争优势在哪里？未来是否能够继续做好？首先是公司的定位，用一句话说清楚公司是做什么的。这句话既要准确概括出公司的业务情况，又能体现公司的特点和优势，还要简单明了、易于理解。”

舒影的话音刚落，任逢说道：“我在公司时间比较久，公司是做什么的我太清楚不过了，可以说上两三个小时都没问题。”

舒影笑道："任总，审核人员和投资人可没有时间和耐心听您讲两三个小时，所以一定要高度概括才行。"

销售总监蔡亦丹说道："我们之前去招投标项目的时候有专门的公司介绍材料，不过更多的是讲公司的产品和应用领域，确实没有系统地从公司层面去考虑公司定位的问题。"

销售总监所说的问题并不是达鹏科技一家企业的情况，大部分企业在上市前，业务做得越来越大，钱挣得越来越多，却从来没有系统地思考过公司这些年发展的核心优势，以及是否会在公司未来的发展中持续发挥作用。招股说明书撰写和讨论的过程实际上就是审视企业是怎样一步一步做起来的，思考未来的发展方向和战略布局。

舒影的问题抛出来后大家纷纷讨论开来，一上午的时间终于把公司定位确定下来。董事长赵树岷满意地说道："今天上午讨论的效果不错，对我们公司现在的业务发展是很好的回顾和总结，对未来的业务布局也有了更清晰的思路。以后的这样的会议要多开、常开，趁着上市这个事情，这周大家都把手头的工作暂时推掉，我们集中一周的时间来专门讨论。"

听到董事长的指示，舒影不禁开始冒冷汗，心里琢磨着马上就要报材料了，简直是在争分夺秒，本想着一上午把业务章节讨论定稿，结果到中午才讨论明确了一句话。

下午会议继续。应董事长的要求既然招股说明书那么重要，一定要逐句讨论，大家如果有不同的意见各抒己见，不能达成一致的投票表决，少数服从多数。各位高管都非常投入地讨论着，字斟句酌，俨然成了一场文学研究讨论会。对每句话的描述，大家都据理力争、互不让步。如果不是董事长在中间调解，都快打起来了，好像稍有差池就会错过几个亿似的。舒影心里急得快不行了，这样的速度三个月的时间都不够讨论，可是眼看着包括董事长在内，大家都在兴头上，也不好打断，舒影实在没有办法，只好发信息给曲建新求助。

“哟，讨论得这么热烈啊!”见曲建新进入会议室后，大家渐渐安静下来，曲建新接着说道：“证监会统一接收材料的时间已经确定了，下周得去北京，今天不管多晚业务章节都要定稿。大家把握好时间进度安排，千万别因为材料影响到申报。”

曲建新说完后就匆匆离开，去处理其他事情了。大家呆呆地看着摆放在面前的那几百页厚厚的招股说明书，讨论了整整一天，此时才刚开了个头……

曲建新的这番话还真是起了作用，接下来的讨论推进得非常顺利。大家都开始抓大放小，只要不是明显错误或原则性问题都不再争议。直到凌晨三点的时候，除了公司的业务模式外，业务章节的其他内容已大体讨论了一遍。大家熬得眼睛都红了还意犹未尽，舒影告诉大家离申报还有最后几天的时间，这几天可以继续提修改意见，到时候在北京统一修改，听到后面还有机会继续修改，大家这才安心地结束了会议。

去北京申报前的准备工作相当关键，一旦漏掉了任意一份文件都将影响到项目的申报。各方机构出具的签字页也是到处找人签字，特别是投行，每个申报项目各级领导加上项目组差不多需要十个人签字，而投行人，特别是投行领导基本都没有在固定的办公场所，大多出差在外，如何在有限的时间、不同的城市，有效地安排和各投行领导接头签字简直就是门技术活，除了要考虑领导的行程安排外，还有航班晚点、路上堵车等诸多不确定因素。有些时候，机场倒成了很好的对接点，等领导航班落地机场签完字再订张机票赶赴下一目的地机场。

对企业来说，虽然大部分的董事、高管和监事一般都在公司，但也不排除有个别出差在外的，而独立董事也未必就在同个城市。刚开始的时候，企业一般会提议用快递的方式邮寄签字页，但被投行一阵洗脑后，企业也进入了申报前紧张的状态。平时达鹏科技要求人员出差预订航班都要提前几天订折扣票，而在上市申报的问题上完全顾不上机票的折扣了，渐渐地被带入了投行的节奏感。

安排好签字页后，曲建新一边翻看着申报文件一边问道："审计报告还没定稿?"

陈安泰焦急地说道："还没有，我已经联系会计师事务所了，说是至少还要三天。"

"三天？那怎么来得及？审计报告的数字一旦有调整，所有的申请材料都要重新修改。项目经理田老师呢？怎么没见到人?"

陈安泰叹了一口气："田老师已经进医院了，前几天熬夜加班每天都是半夜才离开公司，今天早上起来后突然晕倒，正在医院打点滴，我都不好意思再打扰她了。"

曲建新听到田老师已经累到住院的消息，心里不免有些愧疚，也怪自己时间逼得太紧，可是在申报这个节骨眼上，一切工作的时间安排只能按截止日期倒推。

"田老师的身体没什么大问题吧?"

“还好，不过医生让她这几天好好休息。我正在发愁这审计报告还没最终定稿怎么办。刚联系了他们所长，说是再安排个项目经理来接替田老师的工作，可是刚来总得熟悉一下公司的情况吧。你定的那个截止日期，难啊……”陈安泰一边说着，一边垂头丧气地摇着手。

审计报告如果不能及时出具，后面的工作会受到很大影响，看来这是目前最棘手的问题。曲建新沉默了一会儿说道：“这个事情公司还得和会计师事务所加强沟通，之前的审计基础工作大体上已经差不多了，主要是事务所内部的报告复核程序。最近创业板启动，会计师事务所应该是最忙的时候，项目都集中到一起了，不行就让赵董事长出面找所长协调，务必要优先确保我们这个项目能够赶第一批申报！”

陈安泰点了点头，看来也只能如此了。项目申报就像是限时通关打怪，其间可能会出现各种意外，一旦某个环节掉链子都有可能功败垂成。

第十三章　首次申报

北京的七月正值酷暑炎热之季，蝉鸣如潮涌般地在耳畔响起，斑驳的阳光从枝叶间洒落，空气中弥漫着暑热的味道。在距离证监会不到五公里的一个小巷子里有一栋不起眼的小楼，里面有家快印店已挤满了人，这家叫做龙大快印的快印店在投行界颇有名气，几乎所有递交证监会的材料都在这里制作。

龙大快印常年都是灯火通明、不舍昼夜，全国各地的投行都集中在这里制作材料，更有人调侃，没有在龙大熬过通宵的都不好意思称自己是干投行的。而只要见到有人拎着龙大快印那极具有辨识性的文件袋，基本可以判断是投行同仁。

曲建新带着林霏和舒影，还有达鹏科技的何平和易秋桔来到这栋小楼，舒影还是第一次来到这传说中的龙大，不免有些兴奋。一行人坐电梯上了二楼，电梯门刚一开，只见大厅里人头攒动，人们行色匆匆地来回走动着，耳边传来一阵阵嘈杂声。这时，有一个穿着制服的工作人员迎上来："是做上市申报材料的吧？这边先登记，给你们安排制作员对接。"那人把曲建新一行人引到服务台后就赶紧又去招呼其他人了。服务台的工作人员头也没抬，语速飞快地说道："先在这里登记，哪个项目？是做什么类型的材料？哪家投行？留个联系方式……"曲建新登记完后，问道："我们的材料还需要修改，有没有独立房间可以安排？"服务台的工作人员这才抬起头来无奈地说道："后天证监会就要受理创业板申请材料了，上百家企业在这里做文件，我们这儿都快挤爆了，哪还有什么房间？"工作人员指了指大厅说道："这些都是公用的，你们要看到有位置空出来了就赶紧去抢个地儿，实在是没办法了。"

工作人员所指的大厅摆放着许多小桌椅，看上去都比较陈旧，倒像是为了应急从街边小店临时借用的。只见每张小桌子旁都挤满了人，或坐着，或站着，有些人抱着笔记本电脑在不停地埋头码字，有些人在仔细地检查、核对着打印出来的文件，还有些人三五成群在激烈地讨论着专业问题和披露口径。空气里弥漫着各种各样的味道，闷得让人有些难受，也不知道屋内的空调是开了还是没开，头顶上那几盏缓缓打着转的铁吊扇并没有带来丝毫凉意，在这里待上一会儿就感觉满脸发烫。这般空间里似乎渗透着一种魔性，让人完全忘记了时间，只剩下忘我的投入。

文件制作的工作台上整齐地摆放着一排电脑，用于编辑修改文件，里屋的几台高速打印机是当下全世界最先进的超高速打印设备，二十四小时不间断地运转着。这里的制作人员都是经过专门培训的，不仅对文本文件的各种处理得心应手，而且对申报材料的要求也了如指掌。制作人员一般是两班倒，中午和夜间十一点换班，由于长时间高强度的工作，制作人员个个面容憔悴，眼睛中还带有血丝，但是不管有多么疲惫，他们都耐心地解决投行对申报文件的各种挑剔，相信这也是龙大能获得投行人青睐的原因。在工作台对面靠墙壁的位置摆放着一排展示文件架，上面整整齐齐地存放着各种各样申报文件的模板夹，在这里可以找到很多熟悉的公司名称，有已上市的，也有正在准备上市的。

曲建新让大家四处找找看有没有空位，大伙儿在大厅转了几圈，房间也瞅了又瞅，空位没有找到一个，熟人倒是遇见不少。投行人整天出差在外，奔波在不同的项目上，平时很难在同一个城市见面，反而在龙大做申报材料的时候经常碰上熟人，更何况是在创业板开闸集中申报的前夕。

舒影突然看到有个工作人员打开一间房门正在取东西，看上去像是一个储物间，于是赶紧走上前去："不好意思，这个房间可以借给我们用一下吗？"

工作人员为难地说道："这个房间是我们存放杂物的，并不是办公室……"

"独立的办公房间已经满了，大厅公共办公区一个空位都没有，我们的材料还没有定稿，实在是找不到位置了……你就帮帮忙吧，我保证不会碰屋里的任何东西，过了后天一定完璧归赵。"舒影可怜巴巴地看着工作人员，工作人员实在不好拒绝，只好答应下来。

舒影激动地给曲建新打电话："曲总，我在服务台右拐的角落里找了一个储物间，你们赶紧过来。"过了一会儿，大伙儿都过来了，何平笑道："这地儿不错啊，很安静，外面大厅那么多人走来走去的，看着我头都痛了。我刚还在发愁，明天赵总要亲自过来，总不能让他连个坐的地方都没有吧。"曲建新也满意地说道："确实是一块'宝地'，我们运气不错，看来这次申报也会顺顺利利的。"房间里刚好有一张桌子，杂物堆上还搁置着几把椅子，大伙儿把屋子收拾出来，简直就是一间 VIP 办公室。

舒影好奇地来到工作台看着那些正在制作的各家拟申报公司的文件夹，第一批申报创业板的公司涉及眼科医院、船舶设计、基因工程药物、技术检测、电影制作、户外用品等，让人眼花缭乱，但凡有一定规模的企业，都争相抢着报第一批创业板上市，但上市毕竟要经过审核，至于最终花落谁家就不得而知了。

舒影和制作员正沟通着达鹏科技申报材料文件夹封面的制作，突然感觉有人拍了一下自己的肩膀，回头一看，顾函和肖劲平正站在她身后。

"来做达鹏科技的申报材料？"

来北京之前，舒影还在想这次创业板开闸集中申报，说不定顾函也会来，结果还真碰上了："是啊，你们也来报材料？"

这时一位制作员将文件夹递给肖劲平，舒影往制作员捧着的文件夹方向瞟了一眼，正是宙峰实业上市申请的文件材料。看来行业内最有竞争力的两家公司的上市申请材料后天会同时递交到证监会，相信到时候媒体定会争相报道。

"创业板开闸这么具有历史意义的时刻怎能不来见证呢！赵总也来了？"

"赵总要晚些才到，曲总和何总都在，你们要不要过去打一声招呼？”

顾函犹豫了一下说道：“算了，大家都正忙着，就不去打扰了……”

顾函和达鹏科技的渊源太深，曲建新又是他的老领导，不过这些都没什么，关键在于他现在的身份是宙峰实业 IPO 的负责人。

“对了，难得在北京聚到一起，这次材料申报完后我们准备组织一次北京出游，有没有兴趣一起？”顾函一边说着，一边用胳膊拽了一下站在一旁的肖劲平：“劲平也去。”

肖劲平正在翻看着材料，回过神来，忙应道：“去！去！”

舒影想着事情处理完后正好可以放松放松，便答应下来。

这时，顾函凑到舒影耳旁故作神秘地说道：“我们现在所经历的这一幕可谓是前无古人，后无来者。就在这间屋子里，这些申报创业板上市的企业中，很快就会诞生一批千万、亿万富豪。”

顾函说得没错。一场资本市场的造富运动正在掀起，很多人随着公司的上市将一夜暴富，这正是一次历史性的机遇。

自从创业板开闸的消息证实后，各个项目组都进入了五加二、白加黑疯狂工作的状态，在龙大快印这名副其实的券商之家除了顾函和肖劲平外，舒影还遇到了不少同事。好些同事平时看着红光满面、精神抖擞，如今却是面色惨白、憔悴不堪。隔壁屋的项目组据说已经熬了整整六个通宵，大多数人都神情疲惫，男士们靠着一支支香烟强打着精神，领带半扯开，衣服皱巴巴的，守着一张折叠床轮流休息一两个小时又起来继续工作，此时他们只想着争分夺秒地准备材料，其他的已经完全顾不上了。舒影到隔壁屋借东西的时候一边扒散开眼前的烟雾，一边呛得止不住地咳嗽，桌上凌乱地堆满了各种文件资料，难以想象价值过亿的上市融资计划竟是在如此环境下孕育而出的。相信此刻仍坚守在龙大快印的人们的心愿都一样，赶紧把材料递交到证监会后回酒店狠狠地补上一觉。

申报的前一天，达鹏科技的材料还没有定稿。董事长赵树岷也到龙大快印来一起看材料，一旦材料报进去就再不能随便修改，大家一遍一遍地仔细检查着，就连秋桔也被安排来专门找错别字。

“糟糕！这份合同中间有一页律师的鉴证漏掉了。”听舒影这么一说，大家都紧张起来。曲建新从舒影手里拿过那份合同看了一下，确实夹在中间的有一页没有鉴证到。申报材料要求完备性，绝对不能有任何的遗漏。不能报送原件的，其复印件都需要经过律师的鉴证，认定与原件一致。

曲建新看了一下时间，已经是下午五点了，第二天就要报材料，今晚不论多晚都要把整套材料准备齐全。他当机立断跟何平说道：“何总，赶紧跟律师打电话，让他们重新盖章鉴证一份，无论如何今晚找人送过来。”

何平先是愣了一下，马上反应过来，立即打电话给律师。联系后何平说道：“已经让律师马上回所里盖章鉴证，但今晚的航班没票了，送不过来啊！”

曲建新快速查询了一下航班信息：“怎么会没票了？深圳飞北京最后一班是21:50，赶紧订这趟航班。”

何平有些无奈：“经济舱已经没票了，只有头等舱……”

“头等舱就头等舱，现在都什么时候了，全国各地的企业都在飞北京报材料，赶紧订票！再拖会儿连头等舱都没了。”曲建新义正词严地说道。

“不错，能用钱解决的都不是问题，不管怎样明天都必须把材料报进去!”坐在一旁的赵树岷也发话了。

何平立即电话联系，挂了电话后说道：“已经联系好了，钟律师今晚最后一趟航班来北京，我让他下飞机后直接把材料送到这里。”

合同鉴证文件的事儿安排妥当后，曲建新一边翻看着材料，一边问道：“深圳那边材料看得怎么样了?”

何平回复道：“陈总已经安排了财务部的人今晚全部留在公司加班，每个数字都重新核对一遍，任总和销售总监蔡亦丹，另外还有几位业务人员还在公司讨论业务模式，之前公司请过做企业管理培训的老师来讲课，当时提到 SWOT 分析，他们正在按照当时老师教的那套方法在讨论呢。”

“关于业务模式的描述还没定稿？等他们讨论完哪里还来得及。我完善下这部分，董事长看看没问题招股说明书就定稿了。今晚这么多家企业排着队做材料，拖太晚了会耽误明天的申报。”

赵树岷赶紧说道：“不错，明天一定要把材料报进去，这临门一脚可千万不能掉链子。”

申报的前一夜已进入凌晨时分，整个龙大快印如同白昼一般，所有人都拖着疲惫的身体强打着精神忙碌着，不管是企业的董事长还是管理层，或者是投行的项目组，大家都连着好几天没怎么休息了，有些实在困得不行的就躺在椅子上休息一下，大厅里偶尔还会传来几声呼噜声。

钟律师的航班落地北京后直接赶赴龙大快印，经律师重新鉴证的那份文件送到的时候已是凌晨两点了，拿到文件后曲建新让舒影联系制作员赶紧开始做材料。钟律师和大家一起继续检查文件。舒影守着制作员，这个点排队做材料的企业实在太多，不死守着制作员被其他企业抢了先，明早材料就有可能出不来了。大家熬得眼睛都快睁不开了，恨不得用一根棍子把上下眼皮给硬撑着，这一夜注定无眠，这一夜只希望早点过去。

第二天一早，申报材料制作完成后，大家又逐一翻了一遍每套材料，生怕打印机出了差错或者是制作员疏忽，虽然这种问题出现的概率极小，但报送证监会的上市材料大家都非常谨慎，一定要确保万无一失。

还没有到上班时间，证监会门口已密密麻麻地挤满了人，远远望去黑压压的一片。每家 IPO 的企业都拎着装满了上市申报材料的大箱子，箱子上面贴了一张 A4 纸，标注着公司名称和申报项目的类型。大家互相打探着看哪些企业在冲刺第一批创业板，企业来自全国各地，行业也是五花八门。记者们早早地赶到了现场，采访着企业董事长和投行保代，记录这具有历史意义的一刻。

材料终于如期报到了证监会，这段时间以来一直紧绷着的神经终于可以轻松下来。舒影来到位于金融街附近的京度酒店，这也是投行人在北京办事常住的酒店。放下行李后，舒影将房间的窗帘拉上，瞬间一片漆黑，此刻她已经分不清是白天还是黑夜，什么也不再去想，也什么都想不起来，只求好好睡上一觉。

在京度酒店的行政酒廊，顾函与一位年纪相仿、西装革履的男子正在交谈。

“你真的考虑清楚了?”

“回国这么多年,已经适应了国内的环境,确实没想过再出去。”顾函边说边拧开那男子递过来的一瓶苏打水,喝了一口说道:“看来你的偏好一直没变,独爱喝这个。”

那男子笑道:“哈哈,你之前在美国的时候偏好不也和我一样吗?怎么?回国就变了?”

“当初毕业后你去了华尔街,我回到国内,一晃这么多年,也不想有太多改变。”

“这可不像你说的话!当初你本可以留在美国的,要不是……”那男子犹豫了下说道:“Anni 已经结婚了!”

顾函的胳膊肘靠在桌面上,双手将那瓶苏打水似乎握得更紧了,微微垂下头:“我知道。”

“有些事情过去了也该放下了,算了,不说了……不过话说回来,这次是一次难得的机会。M 资本来头可不小,同时管理着美元基金和人民币基金,投资范围覆盖初创期、成长期、Pre - IPO 各个阶段,投资规模从几百万美元到上亿美元不等。这次 M 资本纽约办事处人事调整需要从国内寻找既有海外留学背景又懂中国本土企业的人才加入,专门负责中国企业在美国上市前的投资,以你的学历背景、工作能力再适合不过了。我跟他们中国区负责人很熟,大致介绍了你的情况,他们对你很感兴趣。”那男子特意停了一下,一字一顿地说道:“现在主要看你的态度!”

顾函沉默了几秒:“我想……我更适合留在中国。”

那男子叹了口气,拍着顾函的肩膀说:“还是这么倔!好吧,尊重你的选择!不过,将来你要是有想法了,可以随时与我联系。”

待那男子离开后，顾函拨通了舒影的电话：“休息好了吗？等下我们去潭柘寺。”

舒影来到酒店大堂，见顾函一个人在休息区：“肖劲平呢？还没有下来吗？”

“他已经回深圳了。”

“这么快？”

“不管他了。他急着回去，说约了人。”

顾函和舒影来到潭柘寺，门口的扩音器正播放着寺庙的介绍：“潭柘寺始建于西晋永嘉元年，距今已有 1700 多年的历史，据说‘先有潭柘寺，后有北京城’，是著名的佛教圣地……”

整座寺庙依山而建，古树郁郁葱葱，楼宇殿堂，法相森严，可谓步步皆景、风光无限。进入寺内耳畔萦绕着神圣的佛经，空气里也氤氲着沉香的气息，时不时还传来撞钟的声响，回荡在青山幽谷之间，面对这千年古刹，让人肃然起敬。

“你为什么做投行？”顾函突然这么问，让舒影有些意外。

“因为……没有更好的选择呗。那你呢？”

顾函转过身来，笑道：“和你一样。”

“怎么会一样？听说你在美国的时候在一家国际大行实习，可是你却回国就业，为什么？”

顾函停住了脚步，沉默了片刻，声音压得很低：“因为……一段感情。”

没想到顾函回国是因为他的前女友，舒影意识到问错话了，只好岔开话题。

两人来到一座庙宇前，顾函神秘地说道："知道在潭柘寺许什么愿望最灵验吗?"

舒影在这方面确实没有研究，一脸疑惑地望着他。

"企业顺利上市!"

"真的?!"

"那是当然。企业在IPO上会前找个灵验的寺庙参拜，几乎成了企业上会准备工作中不可或缺的一环。一来可以缓解紧张的情绪；二来图个吉利。我这可是提前带你来踩点了!"

听顾函这么一说，舒影赶紧到大殿请了一炷香，郑重其事地参拜。

出了大殿，顾函问道："你许了什么愿望?"

"希望达鹏科技顺利上市!"

"哦，那宙峰实业呢?"

舒影没想到顾函会突然提到宙峰实业，顾函是宙峰实业IPO的负责人，当然希望宙峰实业能够顺利上市。于是舒影转过身去双手合十又拜了一下，嘴上念道："希望达鹏科技和宙峰实业一起上市!"

两人继续往前走，见导游正带着一群游人围着古树解说，也凑上去看个究竟。原来是一棵柏树与一棵柿子树相伴而生，紧紧地贴合在一起，人们取其谐音，"柏柿"即"百事"，因而称其为百事如意树。据说摸了百事如意树，就可以在一年之内百事如意，游人竞相来此摸树。两人也随着人群上去，按顺序先摸柏树，再摸柿树。

"你的手怎么搞得这么脏?"

“有吗？难道刚才在柏柿树上摸的……”还没等舒影说完，顾函已将她的手不由分说地拉了过去，舒影下意识地挣脱，但那只手却被拽得更紧，两人的身子一靠近，舒影的脸差点撞到了顾函的胸前。

顾函很自然地抬起另一只手将她眼前那几缕散落的头发别到耳朵后侧，舒影似乎能感受到他手心散发出的那阵暖意。

顾函低头注视着她：“做我女朋友吧。”

这突如其来的告白如同倒入杯中的气泡酒，氤氲的气泡带着淡淡的甜味。她虽不能确定他就是那个对的人，不过此刻她更怕错过，于是微微点了一下头。

这时，舒影的短信提醒声响起，是曲建新发来的信息，说是公司领导何总晚上请天通证券第一批创业板报会项目的项目组和企业方聚餐。顾函故意凑过身来看了一下信息：“何煜坤？你还真得好好感谢一下这位领导！”

当初如果不是顾函提醒，舒影也不会想到给何煜坤发邮件，她可能早已离开投行了。转眼入职也有一年的时间，她除了在公司大会上远远见过何总讲话，还真没有近距离地接触过这位公司领导。

舒影来到聚餐地点的时候大厅里已经坐得满满的，有十桌左右，投行项目组和企业的董事长、高管们互相交换着名片，寒暄着、交谈着。在座的各家企业能够在同一天申报上市材料也算是一种缘分，企业之间互相交流着业务上是否可以有合作的机会，而对来自不同项目组的投行人来说也是难得的一次聚餐，平时各自在不同的项目上忙碌，很少有机会聚到一起。虽然大家脸上的倦意尚未完全消退，但激动、喜悦的心情已是溢于言表。这段时间以来马不停蹄地熬夜加班，终于将项目如期申报，也算得上在上市之路上取得了阶段性的进展。

天通证券的总经理何煜坤端起酒杯，为在座的各家企业作为第一批创业板项目顺利申报表示祝贺，对项目组这段时间来的辛苦付出表示肯定，随后一饮而尽，众人也将杯中的酒喝光，之后大家便开始互相敬酒。

席间舒影端着酒杯去给何煜坤敬酒，何煜坤见她过来首先说道："你就是舒影吧？"

舒影还想着自我介绍，没想到何煜坤一眼就认出了她。

"是的，何总，我是舒影。"

随后何煜坤转头跟坐在旁边的一家企业的董事长说道："这小姑娘胆子挺大的，刚来公司就敢直接给我写信呢！"

舒影有些不好意思："之前的事情还得感谢领导！"

何煜坤笑道："既然留下来了，那就好好干！"

舒影赶紧说道："我会的，谢谢何总！"

那晚，大家都喝得很尽兴，能够在创业板开闸这一历史性的时刻成为时代的弄潮儿是幸运的。但项目的申报不是终结，而是开始。这一天，意味着企业的上市之路已经迈出了历史性的一步，而这一步才只是万里长征的第一步。

第十四章　专利纠纷

IPO申报材料报到证监会后项目进入了静默期，所谓静默期即留一定时间给证监会相关人员审核，企业和中介机构都不得主动去接触。由于达鹏科技项目的事情轻松了许多，而其他项目又没那么紧急，趁着顾函在成都出差，舒影周末过去找他。

对他俩来说，成都是再熟悉不过的城市了，从武侯祠的孔明庙到浣花溪的新诗小径，从宽窄巷子的油纸伞、盖碗茶到古韵别院的石板路、青砖黛瓦，既可以在音乐会现场享受超带感的音乐气息，也可以在马路边的书摊安安静静地待上好一阵子，相处的时光总是这般美好。

两人逛完街后来到影院看最新上映的影片，也许是因为累了，电影放到一半的时候舒影打起了瞌睡，直到散场的时候才被喧闹的人群声吵醒，舒影抬手揉了揉双眼发现身上披着顾函的外套。

“怎么没叫我?”

舒影一边说着一边将外套脱下，顾函随即握住她的手：“先披着，别着凉。”

等人都散得差不多后，两人才起身往出口处走去。

出了影院，舒影拿出手机翻看消息，忽然看到曲建新在一小时前发的一条信息：“宙峰实业起诉达鹏科技，速看邮件!”

“怎么了?”见舒影脸色煞白，顾函关切地问道。

舒影抬眼望着顾函，半天才僵硬地挤出几个字来：“没、没什么……”

“难道是刚刚在影院睡觉的时候着凉了?”顾函摸了一下舒影的额头。

“可能吧。”

见舒影身体不适，顾函赶紧叫了辆车送她回酒店。

舒影借口想早点休息好不容易将顾函打发走，进了自己的房间后立马将电脑取出点开邮件系统。

达鹏科技收到中级人民法院送达的民事起诉状，宙峰实业就达鹏科技的一项专利权属提起了诉讼，主张达鹏科技名下的该专利系宙峰实业员工在离职后一年内做出的与其在宙峰实业承担本职工作有关的职务发明创造，并提出诉讼请求：①判令该专利的专利权归原告宙峰实业所有；②判令达鹏科技承担原告因确认案件专利归属而支出的费用三十万元；③判令由达鹏科技承担案件诉讼费。

这起诉讼纠纷所涉及的员工正是达鹏科技的核心技术人员许洋，他曾在美国留学和工作，回国后先在宙峰实业做了两年技术，后通过猎头跳槽到达鹏科技，也是公司重点培养的技术储备人才。舒影对许洋有些印象，当初在做股权激励的时候因许洋提出期权的问题任逢曾向她咨询过。

合上电脑后，舒影立马预订了第二天最早的航班赶回深圳……

收到民事起诉状后，赵树岷将董秘何平和人事行政部经理冯晓婷叫到了办公室。

赵树岷面带愠色地看着冯晓婷："怎么会出现这种情况？许洋到底是什么时候从宙峰实业离职的？这项专利我们又是什么时候申请的？"

冯晓婷显得有些紧张，战战兢兢地回答："当初申请这项专利的时候我还特意问了许洋，他斩钉截铁地回复我前年二月就离开宙峰实业，三月已经在我们公司上班了，这项专利我们是在去年四月提交的申请。不过……他真正办理离职手续的时间在申请专利的时候并没有去核实。"

听了冯晓婷的一番话，赵树岷忍不住站起来拍着桌子说道："这么重要的事情怎么就没有核实清楚？我们正处在上市的关键时期，你知不知道这类诉讼对我们是很不利的？"

很少见赵树岷发这么大的火。冯晓婷声音颤抖着回答："是……是……确实是我疏忽了。"

赵树岷见冯晓婷如此也不好再继续说她，背着双手从办公桌后面走出来，在办公室里来回踱步，过了好一阵终于停下脚步，转身面向站在一旁的何平说道："通知投行和律师，召开紧急会议。"

大家集中到了达鹏科技的会议室，当然案件的关键人物许洋也到场了。赵树岷将民事起诉状递给钟律师："请律师看看我们胜诉的可能性有多大。"

钟律师接过来快速翻看了一下，说道："所诉事项涉及职务发明，此类案件一般有两个关键点：第一，达鹏科技作为专利权人、许洋作为设计人申请的专利是否在许洋调离原单位后或劳动、人事关系终止后一年内做出的；第二，与其在原单位承担的本职工作或原单位分配的任务是否相关。"

律师抛出两个问题后大家瞬间将目光转向坐在会议桌角落处的许洋。许洋三十出头的样子，十分清瘦，戴着一副黑框眼镜，头发有些蓬乱，脸色略显疲惫，一看就是典型的技术男。常年在研发部门，很少见如此"场面"，加上又是诉讼又是律师的，不免有些胆怯。

"我的确是前年二月就离开宙峰实业了。通过猎头介绍顺利通过达鹏科技的面试，当时达鹏科技有个新的开发项目启动，催着我赶紧参与进来，于是我三月就投入到达鹏科技的开发项目中。不过，我的离职申请宙峰实业一直拖到前年五月才批下来。"

钟律师托着下巴看着赵树岷："这样的话就比较麻烦了，去年四月提交的专利申请，许洋前年五月才正式离职，刚好在一年的敏感期内。"

"可实际上他前年三月已经在从事达鹏科技的工作了，我们有他的项目工作记录，有没有可能从这个角度想想办法？"何平问道。

"很难。别忘了还有社保缴纳凭证呢，许洋与原单位人事关系终止时间和专利申请时间都是既成事实。”钟律师补充道。

“刚刚钟律师提到的关键点还有一条，专利与许洋在宙峰实业承担的本职工作或分配的任务是否相关?”何平将目光转向许洋。

许洋用余光看了一下大家，神情比刚才镇定了许多，说道：“大家都比较清楚，两家公司是竞争对手，研发的内容也差不多，单从技术层面来讲，我在宙峰实业的本职工作与申请的专利在底层技术方面确实有一定的相关性。”

“对方抓住了专利申请发生在许洋与原单位人事关系终止后一年内，以及与在原任职的宙峰实业本职工作相关这两点，从目前的情况来看，我们胜诉的难度很大。”

听了钟律师结论性的意见后，大家都陷入了沉默。

过了一会儿，曲建新说道：“当初在专利申请的时候如果长个心眼，把专利设计人换成其他开发人员就不会出现这类职务发明纠纷了，不过现在说这些都为时已晚。在IPO审核过程中出现诉讼纠纷也是常有的事情。就上市的角度而言，主要关注涉诉金额及内容对公司的影响程度，不过知识产权方面的诉讼纠纷更需要重视，要考虑是否涉及公司的关键技术。”说到这里，曲建新将目光转向坐在旁边的赵树岷，问道：“赵总，涉诉专利在公司产品中的运用范围和占比情况怎样?”

“公司目前大类有十多种产品，这项专利主要用到其中两款产品上，这两款产品大概占到公司收入的10%，这项专利虽然谈不上是公司特别核心的技术，但也算比较重要的技术之一，当初还没有开发这项技术的时候基本靠外购部件实现。在许洋来公司之前我们实际已经花费了大量的研发投入到这项技术上，可以说完全是依靠我们公司自身积累实现的技术突破，当时许洋来公司定位为专门负责新产品的研发，公司也十分重视他，希望他能把团队带起来，所以申请专利的时候在设计人一栏把他加了进去，没想到却牵扯出这么多事端。”说到这里赵树岷长长地叹了一口气。

坐在远处的许洋听到董事长的这番话很是尴尬，低下头显得十分局促。

“目前达鹏科技和宙峰实业都已经申报了上市材料，正处于审核的关键时期，宙峰实业这次的专利诉讼应该是做足了功课，依据法律事实，我们要胜诉看来是很难了，还是要尽快争取庭外和解，不然很有可能会影响到IPO的审核。”舒影说道。

提到庭外和解，赵树岷的脸色突然沉了下来。两家公司作为商场上的竞争对手，针锋相对，势不两立，而如今让他委曲求全，实在拉不下这面子。

许洋见赵树岷有些为难，便主动请缨：“事情因我而起，还是我去吧。这项技术我的确贡献不多，宙峰实业的技术总监刚好是我以前的老领导，我找他说说去。”

大家都没想到许洋会在这个时候站出来，事情的复杂程度远超出了他的想象。不管怎样，至少说明他还是挺有担当的。

赵树岷心里自然清楚找研发总监起不到任何作用，不过既然许洋主动提出来了，让他去也无妨，说不定还能打探些消息回来，便同意了他的请求。

许洋当初回国的时候对国内环境并不熟悉，宙峰实业的陆总监将其招致麾下重点培养，算得上是许洋的师傅。自从许洋离开宙峰实业后还没有和他这位老领导见过面，不过偶尔会电话联系交流行业技术未来的发展方向和趋势，不过都是纯粹的技术探讨和闲聊，从未有涉及两家公司的话题。

两人约在宙峰实业楼下的一家餐吧见面，环境虽然简约，但也不失格调。不过最为关键的是选择这里会有一种久违的亲切感，当年研发部加班加到很晚的时候陆总监总会带着大伙儿到这里加餐，那段日子许洋至今还记忆犹新。

许洋提早了十分钟来到约定地点，特意找了一处僻静的位置坐下。过了没一会儿，陆总监如约而至，许洋见陆总监走过来赶紧起身笑着迎上去。陆总监依旧穿着他那款经典格子衫，据说当初为了省事儿，同样的款式一次性买了一打，同事们开玩笑说够他穿上好几年了，看来确实也是如此。

一番寒暄之后，陆总监笑着说道："小许啊，你的离开，我可是损失了一员大将，你知道的，我一直都很看好你。"当初许洋要离开宙峰实业的时候陆总监可没少做他工作，听陆总监这么一说，许洋自然有些不好意思。陆总监察觉到了许洋表情的变化，接着说道："不过人各有志，你有更好的发展平台我肯定是支持的，如今我们在不同的公司，各司其职、各尽其责，不过私下仍然亦师亦友……"许洋连连点头表示认同，两人许久未见，聊得十分投机。

过了一个多小时，两人基本都在聊一些怀旧的话题，许洋几番想打断但又不好意思，后来实在忍不住表明了此次的来意，终于把话题拉了回来。徐洋压低了声音说道："前两天公司收到民事起诉状，大概意思是说达鹏科技去年申请的一项专利涉及职务发明，专利与我当时在宙峰实业的工作内容相关，要求判令专利权归宙峰实业所有。这事儿您知道吧?”

陆总监整了整衣衫，尽量将身体坐直了些，说道：“这事儿我只是知道个大概，听说两家公司最近有专利纠纷，还有就是前段时间董秘刘总带了好几个不认识的人来找我，向我打听你当时在宙峰实业具体负责的工作内容和研究成果……对了，听他们互相打招呼的称呼，其中有个人应该是律师。”

“啊?”听说律师在打听他的情况，许洋的神情不免有些慌张，挠了挠后脑勺说道：“这次专利纠纷和我跳槽有关，当时达鹏科技给出的工资待遇和晋升机制确实很有诱惑力，也承诺公司上市会给一定的股份，我为了寻求职业上更好的发展才换的工作。没想到竟会闹到对簿公堂的地步，我可从来没打过官司，不瞒您说这事儿我都不知道怎么跟家里人说，怕他们担心。”陆总监见许洋垂头丧气，安慰道：“你也别太担心，事情总会有解决办法的。”

“达鹏科技也不想把事情闹大，希望可以庭外和解。”说到这里许洋故意停顿了一下，看了看陆总监，陆总监并没有搭话。许洋便接着说道：“在宙峰实业的时候您是我领导，其他部门的人我也确实不太熟悉，您看能不能帮忙捎个话，两家公司好好谈谈，私下把这事儿给解决了。”

陆总监有些犹豫，虽然是专利纠纷，但起诉对方公司他并没有参与，不过许洋既然都开口了他也实在不好推托，只能硬着头皮说道：“好，我试试看，你等我消息。”

过了两三天的样子，许洋接到陆总监的电话，宙峰实业同意与达鹏科技就专利纠纷一案私下见面谈。事情有了进展，许洋满心欢喜，连声向陆总监表示感谢。

赵树岷安排何平前去谈判，何平准时到达宙峰实业，前台小妹将他引到会客室，过了大概半小时的样子，前台小妹推门进来换了一下热水说道："董秘刘总临时有个会议，可能要等会议结束后才能过来。"何平连声说没关系，等刘总忙完。

何平站起身走到窗前看了看外面的景色，又打量了一番会客室里的陈设，最后从墙边的架子上取下几本宙峰实业的内部杂志翻看起来。

这一等就是几个小时，墙壁上的挂钟嘀嗒嘀嗒，窗外的知了叽叽喳喳。何平一个人在这几平方米的小房间里，实在坐不住了，便在会客室来回走动，不免有些烦躁。又过了一阵儿，何平按捺不住走到前台询问刘总的会议什么时候结束，前台小妹也不清楚，何平只好作罢。实在不想回到那间狭小的会客室，何平便在过道上转悠，顺道去一下洗手间。过道的左边是办公区，主要是研发、人事和销售几个部门，排位整整齐齐，大家都在忙着各自手头的工作；右边则是一排公司领导层的独立办公室。何平路过董秘室的时候见房门半掩着便忍不住往里面多瞅了几眼，一个身材魁梧的男子一边抽着烟，一边打着电话，仔细一听尽是些家长里短的闲聊，时不时还传来几声大笑。何平之前并没有见过宙峰实业的董秘，也不确定屋里这人是不是刘总。

从洗手间回来后何平回到会客室，看了看墙壁上的挂钟，这时已经五点多了，仍然没有任何消息。等到公司下班的音乐响起时，一男子才推门进来。刚接待他的前台小妹也紧跟着进来："何先生，这位是……"话还没说完就被打断了，进来的男子冲后面摆了一下手说："忙你的去吧。"

那男子径直走到何平面前，一边交换名片一边说道："实在抱歉，下午一直在开会，久等了。"何平定睛一看，此人正是他刚在董秘室见到的那人。

双方坐定后，何平尽量让自己保持谦逊有礼的态度，说道："我今天是代表达鹏科技前来拜访，前段时间收到关于专利纠纷的民事起诉状，我们希望可以通过庭外和解的方式与贵公司和平解决……"

刘总显得有些心不在焉，半倾斜地坐在椅子上。何平一开口说话刘总就开始捣鼓他手腕上的那块名表，似乎是故意在做给他看。过了一会儿，刘总面无表情地说道："既然两家公司有专利纠纷，走司法程序解决是最为公正的。"

何平继续说道："走司法程序对两家公司都不利，您看我们能不能庭外和解。申请的专利的确是达鹏科技研发团队开发的，许洋跳槽一事可能导致中间产生了一些误会。如果贵公司能够撤诉，我们愿意支付一定的经济补偿。"

刘总望着窗外三三两两下班的人群，又看了看时间显得有些不耐烦："何总说得倒挺轻松，许洋在宙峰实业任职时在研发部门极其重要的岗位，接触到的都是公司最核心的技术，跳槽到达鹏科技后你们就申请了专利，专利权自然应该归宙峰实业所有。如果你们想私下解决也不是不可能，不过……至少要在我们确认专利归属支出费用三十万元的基础上再加一个零，同时停止使用该项专利，我们才会考虑庭外和解。”

何平没想到刘总一开口就是三百万元，语气中分明已没有讨价还价的余地，实在是谈不下去了。这次会谈等了足足三个小时，谈了不到一刻钟的时间就草草结束了。

第二天，何平憋了一肚子的气来见赵树岷，把宙峰实业刘总如何避而不见、趁火打劫、故意刁难描述得绘声绘色，何平越说越激动，前额两侧的青筋都暴突起来。这一趟去得确实委屈，当然少不了添油加醋的成分。赵树岷听完立即火了，也不知何平是故意挑唆还是无心之言，突然说道：“他们可以告我们专利侵权，我们为什么就不能告他们专利无效？”

赵树岷沉默片刻后，说道：“把许洋叫过来。”

何平赶紧把许洋叫到办公室，许洋进来后见两位领导脸色阴沉，心里琢磨这次私下和解看来并不顺利。赵树岷一脸严肃地对许洋说道：“你好好回想一下，当初你在宙峰实业的时候，有哪项专利申请是有漏洞可寻的，可能会导致专利无效。宙峰实业既然和我们杠上了，我们也不能让他们日子好过。”

听到这里，许洋不免有些惊讶，之前还寄希望于双方可以和解，如今事情却越闹越大。许洋本想说点什么，话到嘴边又咽了回去。许洋是这起专利纠纷的关键人物，再加上在达鹏科技的持股平台还有些股份，于公于私都应该站在达鹏科技这边，只好硬着头皮答应下来。

那晚公司所有人都离开后，许洋一个人在办公室静静地待着，他关掉了所有的灯光，或许让自己陷入这无边的黑暗反而能获取心灵上片刻的安宁。他无法想象如果事态继续发展下去会置他于怎样的境地，但赵树岷的指示他又不得不执行。他靠坐在椅子上一夜未眠，清晨的阳光透过玻璃窗映射在那张带有倦意的脸颊上，他伸展了一下手臂，用力反复揉着蒙眬的双眼，尽力使自己清醒些。这时他注意到桌上零散地摆放着的几张名片，他将名片拿起来随意翻看着，目光落在了上次讨论专利纠纷会议时钟律师交换的那张名片上，犹豫再三之后他还是鼓足勇气拨通了名片上的电话。

“请问是钟律师吗？我是达鹏科技研发部的许洋……对，之前开会的时候我们见过面。”许洋的声音显得有些颤抖，这是他第一次单独与律师打交道，尽管在国外待过一段时间，不过骨子里还是很传统，在他的观念里“律师”总让他不自觉地联想到“官司”，不免紧张起来。

“不好意思这么早打扰您……我主要想咨询一下专利的问题……不，不是达鹏科技，我只是帮朋友咨询的……嗯……嗯……好……我清楚了，非常感谢！”

通完电话后，许洋打开了电脑……

达鹏科技果然起诉宙峰实业专利无效，两家公司的梁子越结越深，IPO在审项目专利纠纷被媒体广泛关注，各大网站都在纷纷评论转发。

从成都回来后，舒影和顾函都在各自忙碌。刚好周末，小玥约两人在一家港式餐厅吃饭，这才凑到了一起。舒影和顾函快到饭店的时候透过玻璃橱窗见小玥和肖劲平已经到了，看上去似乎很亲密。

“他俩什么情况？”舒影拽了一下顾函的胳膊。

顾函若有所思地点了点头：“好像是有情况。”

两人走到餐桌跟前的时候，小玥和肖劲平才察觉到，小玥忙说道：“快坐，菜已经点上了，都是舒影爱吃的，没问题吧，顾总?”

“哈哈，当然没问题!”

舒影故意问道：“今天请吃饭是有啥好事吗?”

这时，肖劲平将小玥搂到怀里：“小玥特意交代一定要请你们吃大餐。”

舒影见状打趣道：“看来这一顿可不够呢……上次在北京报完材料肖劲平急着赶回深圳原来是因为我们小玥啊!”

菜已经陆陆续续端上来了，服务员将红酒倒上，四人一起碰了杯。

“你们三个都是干投行的，以后可不许欺负我，舒影你可得站在我这边。”

“那是当然!”

肖劲平一边给小玥夹菜，一边说道：“上次在北京报完材料后我走得匆忙，下次我们四个人可以找个地方好好去旅游……”

小玥抱怨道：“你们经常出差的哪能约得上时间。你问问舒影她和顾函一个月能见上几面!”

见舒影沉默不语，肖劲平随即把话接了过去：“嘿嘿，只要顾总放我假，随时都可以。”

“放心！等宙峰实业上市后一定给你放个大假。”

“听说宙峰实业和达鹏科技有专利纠纷，在互相起诉对方，到底是谁先告的谁啊?”

小玥突然提到专利纠纷的事，让大家都很尴尬，舒影放低了声音说："这你也知道。"

"网上都在传。当然了，也是因为我身边都是你们这帮做投行的人才会关注到。"

这时顾函凑到舒影耳边说道："起诉达鹏科技我事先并不知情。"接着用筷子故意敲了一下面前的碗碟，说道："立个规矩，以后大家见面不要议论项目的事情。"

"没问题！"肖劲平赶紧回应道，并示意了一下坐在身旁的小玥。小玥会意地点了点头："知道啦。"

达鹏科技和宙峰实业因为专利的问题闹得不可开交。舒影和顾函整天忙于各自的项目，但两人私下从未提起过，也许是因为这个话题过于敏感，不想因为项目的事情而影响到彼此的感情。

达鹏科技起诉宙峰实业专利无效一事，赵树岷事先并未和保荐机构沟通，曲建新来到赵树岷的办公室。

"赵总，你怎么就如此冲动，这么重要的事也不跟我们说一声，听听我们的意见再做决定啊。"

赵树岷听曲建新这么说，万般无奈地说道："我看对方没有和解的意思，一上来就漫天要价，当时我在气头上，没想太多，就……"

曲建新说道："专利诉讼比较麻烦，不解决，IPO 是很难往前推进的。"

赵树岷意识到事态的严重性，急切地问："那还有没有其他的解决方案？"

曲建新这才缓缓地坐到办公室的沙发上，赵树岷也在他的对面坐下来。曲建新随意翻弄着桌上的茶具，若有所思的样子，过了一会儿，说道：“除非达鹏科技的涉诉专利不影响公司的正常经营。”曲建新看了看赵树岷，见他有些疑惑，便继续说道：“目前涉诉专利主要用到公司的两款产品上，这两款产品大概占到了收入的10%，如果要把诉讼的影响降到最低，也就是说即使不用这项专利也不会影响到公司的业务，要么降低这两款产品的收入占比，要么通过外购形式替代两款产品中相关部件。不过，如果要降低收入占比需要花时间调整产品结构，并且要考虑这两款产品对公司未来发展的重要性。因此，如果能够通过外购部件解决会相对好些。”

赵树岷紧锁的眉头终于舒展开来，说道：“在我们申请专利之前，这两款产品的相关部件确实是外购的，我这就通知采购总监尽快联系之前的供应商。”

采购总监来到董事长办公室汇报工作：“赵总，之前的两家供应商我都联系过了，他们回复之前的采购都是定向开发的，自从我们公司自行研发生产后便不再采购他们的产品，他们也很久没有生产这款产品了。不过不久前宙峰实业找到这两家供应商，愿意大批量购买他们开发的产品，但开出的条件是不能再把类似产品卖给宙峰实业的同行，或者与其同行合作开发及其他业务往来。宙峰实业下的毕竟是大单，而我们公司又在自行生产，这两家供应商便答应了，很显然这次……”

还没等采购总监把话说完，人事行政部经理冯晓婷急匆匆地进来，喘着粗气说道：“赵总，我刚接到宙峰实业的电话，对方说许洋在宙峰实业任职时劳动合同里曾约定了竞业禁止条款，离职后两年内不得从事与原单位业务范围相同的工作，如果我们不能在三天之内给一个合理的说法，对方可能……可能会……”

“会怎样？赶紧说！”冯晓婷吞吞吐吐，把赵树岷急得不行。

“……可能会提起诉讼！”

听到这里，赵树岷不由得瞪大了眼睛，同行跳槽在业内乃是平常之事，虽然劳动合同一般会约定相关的限制性条款，但基本没有严格执行。宙峰实业在这个时候追究，看来是早有预谋，以致达鹏科技进退维谷。

许洋听说这件事情后很是懊恼，本想踏踏实实地做技术，做梦也没想到竟然卷入到两家公司剪不断理还乱的恩怨纠葛之中。

下班时间到了，许洋合上电脑，草草收拾了一下电脑包便往外走，过道上碰到研发部同事，问道：“今天这么早下班？”许洋头也不回地随手拍了拍同事的肩膀：“家里有事，先走了。”

“家里有事？家里不就你一个人吗？”同事诧异地看着他。

许洋在公司是出了名的工作狂，在大家的印象中从来没有准点下过班。虽然见他最近忧心忡忡，他不想多说，大伙儿也没多问。

许洋在公司楼下吃了便餐，接着便漫无目的地瞎晃悠，走着走着竟到了海滨广场。城市并不会因为夜的来临而褪去繁华，整座城市沐浴在晶莹剔透的霓虹灯下，远处的灯光透过隐约的树影，滤去部分光芒，显得柔和了些许，但对许洋而言，这一切繁华的背后却是难以抗拒的无奈。

这时，手机铃声响起，是陆总监的来电。

“喂，小许，还在加班吗？”

“今天没有加班。”

“没事的话出来喝两杯，顺便介绍一个朋友给你认识，说不定还有合作的机会。”

许洋心中的苦闷正愁无人诉说，便应了下来。

陆总监给到的地址是一家很潮的小酒馆，这不太像陆总监一贯的风格。许洋来到约定的地点，这里灯光略显昏暗，人也不是很多，陆总监与另外一位男子坐在吧台边上，那男子不到四十岁的样子，头发剃得很短，眼睛炯炯有神，看上去很精明、能干。陆总监见许洋进来便起身迎过来，拉着许洋坐到他俩的中间，绘声绘色地跟那男子说道：“他就是我刚和你提到的许洋，我们这行绝对的技术派，正是你要找的人。”陆总监的一番话让许洋一头雾水，旁边那名陌生男子用犀利的眼神打量着许洋，这让他更加尴尬。

“瞧我一时激动都忘介绍了。”陆总监拍了拍脑门笑道：“这位是潘总，专门做投资的，潘总想找我们这个行业的技术专家一起合伙创业，我跟他推荐了你。”

“我？”许洋显得十分惊讶。

“没错，我们做技术的就是太实在，整天就是写代码搞研发，都不知道外面的世界发生了什么变化。最近我跟潘总接触下来才发现技术一定要和资本结合才能创造价值……”许洋见陆总监对“创业”、“资本”如此津津乐道，与之前判若两人，看来这位潘总没少跟他洗脑。

“您和潘总这么投缘，为什么不创业呢？”许洋实在忍不住打断了陆总监。

陆总监愣了一下，缓了一下神，摇了摇手略显无奈地笑道：

“创业是你们年轻人的事，我都是快退休的年龄了，心有余而力不足啊！

“创业需要大笔资金，我这些年仅有的积蓄都投到公司的持股平台里了。”

“这你不用担心，可以技术入股。”坐在一旁的潘总把话接过去，继续说道：“我们最近在孵化一系列项目，会有一笔启动资金给到你，团队方面你可以从现在的公司挑选几个得力的人出来一起创业，创业团队可以给到六成的股权比例……”

许洋有些不敢相信自己的耳朵，身旁坐着的这位投资人简直就像上帝派来的天使。许洋在桌子下面狠狠地用左手掐了一下右手，痛得确很真实，让他确认这并不是梦境。可是突然想到自己正因为竞业禁止条款搞得焦头烂额，不由得又犹豫起来。

潘总透过昏暗的灯光注意到许洋表情细微的变化，语重心长地说道：“你还有什么顾虑尽管提出来，我会尽量帮助你解决。”

许洋见潘总如此坦诚相待，便也直言不讳：“实不相瞒，我当初签订的劳动合同里有竞业禁止条款，离职后两年内不能从事类似的工作，所以有些担心出去创业会受到影响。”

“这……确实有些麻烦。”潘总想了想说，“你看这样如何，你们出来创业的股份可以签订代持协议，暂时由我来代持，等方便的时候随时转让给你们创业团队。”

许洋心里琢磨着这笔账怎么算都是划算的，反正也不用自己掏钱，况且还能摆脱目前所处的困境，虽然自己在达鹏科技有些股份，如果离职的话很可能被收回，不过现在达鹏科技和宙峰实业如此针锋相对，能不能上市还有很大的不确定性，倒不如抓住机会为自己另谋出路。不过，在投资人面前也不能显得太过急切，免得掉价。许洋把身子微微坐正了一些，一本正经地说道："出来创业对我的职业生涯来说毕竟是大事，我还需要慎重考虑一下。"

"那是自然，等你答复。"潘总笑着回应道。

第二天，许洋和达鹏科技的另外一名年轻技术骨干刘辉商量创业，两人一拍即合。过了没几天，许洋和刘辉先后向公司提出辞职。公司招股说明书披露的核心技术人员一共四人，如果其中有一半的核心人员离职将对公司上市造成重大不利影响，赵树岷指示冯晓婷不管用什么办法都务必要稳住他们二人。冯晓婷找许洋和刘辉谈了多次，可惜二人去意已决，冯晓婷再怎么苦口婆心地挽留也无济于事。许洋和刘辉没有再来达鹏科技上班，开始在外面"秘密筹备"新公司。

第十五章　项目终止

创业板第一批“28 星宿”在深交所集中上市，创业板就此拉开了序幕。这 28 家公司借着创业板的这股东风首先登陆资本市场，成为众多企业中的佼佼者，也是证券市场的新星。

此时达鹏科技的专利纠纷不但没有妥善解决，反而有愈演愈烈之势，不得不让人对后续上市的进程担忧，再加上核心技术人员许洋和刘辉的离开，对达鹏科技而言更是雪上加霜。

眼看上市遥遥无期，红利资本作为投资方确实着急，如果不能通过 IPO 实现投资退出，还不如退而求其次选择并购。常飞作为红利资本委派到达鹏科技的董事牵线引荐了不少上市公司，达鹏科技上市进程因专利纠纷问题而被一直搁置着，赵树岷自然也不排斥谈收购。

几番接洽下来，有家上市公司给到达鹏科技十个亿的估值，条件十分诱人。赵树岷心想，如果将公司卖掉除了换股外还可以部分变现，创业这么多年来虽说公司越做越大，盈利越来越好，但公司发展也需要不断投入，个人手头能自由使用的资金确实不多，再加上常飞在一旁推波助澜，赵树岷确实有些心动了。

天通证券毕竟是达鹏科技上市的保荐机构，赵树岷找到曲建新商议此事："曲总，专利纠纷一事确实是给公司上市带来了不少变数，我虽然是公司的实控人，但也不得不考虑小股东的利益。说实话，我最近也见了好几家上市公司，如果直接上市不行的话……我考虑将公司卖掉。"

对于赵树岷突然提出走并购这条路的想法，曲建新并不感到意外，宙峰实业起诉达鹏科技专利侵权，达鹏科技起诉宙峰实业专利无效，两家公司的专利纠纷在资本市场已是众所周知。眼见上市不确定性增大，收购方纷至沓来也实属正常。

"上市仅一步之遥，可考虑清楚了？"

赵树岷长叹了口气，说道："目前我们公司和宙峰实业专利纠纷这场拉锯战估计一时半会儿是打不完的，当下走并购这条路也是无奈之举，但至少对股东各方也算有个交代。"

曲建新沉默了会儿，问道："收购的细节方案都谈好了？"

"那倒没有，与这家上市公司的董事长见过一面，大方向谈得还不错，估值方面对方答应得也比较爽快。"

"收购如同两家公司结婚，战略同步、相处合适才是最重要的，现在刚见上一面就急急忙忙要闪婚，风险确实很大。收购方案的设计与谈判也需要时间，如果现在急着撤销IPO审核，后面的收购谈判会比较被动。目前IPO毕竟已经走到在会审核这一步，止步于此也挺可惜……要不这样，与这家上市公司再深入谈下收购方面的具体细节，各方面都谈妥了再终止 IPO 也不迟。”

赵树岷认真琢磨着曲建新的话，确实不无道理，如此两手准备也不失为万全之策。

过了几个月，宙峰实业安排上发审会的消息在业内传开，赵树岷感到奇怪，宙峰实业专利无效的诉讼并没有实质性进展，怎么可能就安排上会。经多方打听才得知许洋提供的对方公司无效的专利对宙峰实业而言并非核心专利，看来这也是当初许洋咨询律师之后的权宜之策，既能完成赵树岷指派的任务，又不至于让自己与宙峰实业结下仇怨。如此一来，达鹏科技提起的诉讼并没有影响到宙峰实业 IPO 审核进程的实质推进。

宙峰实业发审会的那天，赵树岷在办公室如坐针毡，他此刻的心情十分复杂，本想着冲刺创业板第一批上市抢夺头彩，无奈专利纠纷悬而未决成为上市最大的绊脚石。如果宙峰实业 IPO 通过审核，将成为行业第一股，对方上市后利用资本市场做强做大，说不定还会把达鹏科技给吞并掉。

赵树岷根本无心手头的工作，心不在焉地来回踱步，这时办公室的门开了，何平走进来，赵树岷紧张地问："有消息了?"

"暂时还没有，审核结果估计要到晚上才会在网上公布，不过可以找曲总他们先打听打听。"

"曲总什么时候过来?"

"应该一会儿就到。"

过了一会儿，曲建新来到赵树岷的办公室，赵树岷忙迎上前去，曲建新见赵树岷一脸焦急的表情，放慢了语速说道："结果出来了，宙峰实业发审会没有通过。"

赵树岷一怔。

这样的结果原本应该是赵树岷所期盼的，而在得知消息的那一瞬间他竟然对竞争对手产生了一丝莫名的同情。他深知上市的不易，一方面，担心宙峰实业没有通过发审会审核是因为行业的原因，毕竟这个行业目前还没有公司上市；另一方面，两家公司之间还有一些诉讼纠纷，难道或多或少也有影响。此刻赵树岷的脑海中已浮现出各种可能的原因，他试探着问道："不会是因为……我们起诉宙峰实业专利无效吧？"

曲建新摇了摇头："当然不是，起诉无效的专利宙峰实业目前根本就没有使用。初步打听了一下，关注重点是宙峰实业的业务主要来源于非洲，第一大客户占比过大，对业务的持续性存疑。"

达鹏科技和宙峰实业虽说是行业内最大的竞争对手，但两家公司业务区域的侧重点各不相同，达鹏科技业务主要集中在国内市场，而宙峰实业则主攻海外，特别是非洲市场。非洲国家电力制造业相对落后，基础电网急需建设，电力缺口较大，因此，受金融危机的影响相对较小，使得宙峰实业近年来业绩增长很快。但电网领域相关投入属于基础建设，宙峰实业的业务又主要集中在非洲的一个国家，业务持续性自然成为关注的重点。

宙峰实业 IPO 被否不论对企业还是投行而言都是不小的打击，而顾函正是宙峰实业 IPO 项目的保代。

顾函约舒影在酒吧见面，舒影来到酒吧的时候，见到桌上凌乱摆放着的酒瓶，看来顾函喝了不少，已有几分醉意。

舒影一把夺过顾函正往嘴里送的酒杯放回桌上："别喝了，

什么时候回深圳的?”

“昨天。”

“我都知道了，被否原因……是第一大客户过于集中。”

酒精的刺激似乎让顾函的身子有些飘忽，他抬起头来看了舒影一眼，一边摇晃着脑袋一边说道：“是投行客户的预期管理出了问题。”

“预期管理?”

“没错！就是预期管理……”顾函伸手试图去抓桌上的酒杯，被舒影抢先移开，顾函只好作罢，将身子微微后仰，深深地吸了口气，尽量让自己从酒精的麻醉中清醒过来。

“第一大客户销售占比过大并且集中在非洲的一个国家，这个问题在项目启动的时候我就已经关注到了。公司短期内要在国内市场发力难度很大，所以我一直提醒企业在海外其他国家拓展业务，但各个国家电力系统的建设和改造都有相应的时间表，今年下半年有不少海外国家要启动项目招投标，而宙峰实业在海外市场还是相当有优势的。如果按我的计划把上市进程稍微放缓一点，等海外其他招投标项目差不多落地后，客户集中度以及业务持续性的问题都可以合理解释，审核通过的把握也会大很多。可宙峰实业董事长执意让加快进度赶紧申报，一定要抢在达鹏科技之前上市，不然就要更换保荐机构，呵呵……明知不可为而为之，审核结果自然也在意料之中。”

顾函从桌旁那堆零乱的酒堆中拿起一瓶就往嘴里倒，这次舒影没有再阻拦。

“项目被否并不是因为你的问题，公司董事长执意如此你也没有办法。投行是企业精挑细选出来的，目的只有一个，就是帮助企业规范上市，既然选择了却又不愿充分信任，这样的结果又能怪得了谁呢？”

顾函并没有接话，只是苦笑了一下。

“那……这项目后面怎么打算？”

顾函使劲摇了摇头：“不知道。”

舒影从未见过顾函如此神伤，眼前的他显得无力又无助，完全颠覆了平时目空一切、洒脱不羁的形象，即使再坚强的人也有内心脆弱的时候。虽然按照他那套茶壶茶杯的理论，宙峰实业仅仅是众多茶杯中的一个，但实际上每个茶杯都很重要。他原本是一个很骄傲的人，这不仅仅是一个项目，还是他投行职业生涯的一次遗憾，或许只有时间可以抚平这一切。

舒影将顾函送回家后就离开了，顾函在沙发上躺了会儿，接着去洗手间用凉水冲了个脸，从冰箱拿了瓶冰水喝了一大口，站到落地窗前拨通了电话：“我打算见 M 资本，尽快安排……”

过了几天，小玥准备搬出去住，正在屋里打包，舒影也帮着收拾。

“我们都一起住了一年多了，离开你真不习惯。”

“得了，少矫情。再这么跟我住下去啊，肖劲平肯定不爽我，看在同行情谊的分上我就勉为其难把你让给他了。”

“我应该说你跟他真够义气，还是你跟我真不够义气呢？”

“嘿嘿，我成全你俩还挤对我，真没良心。”

“好啦，开玩笑的，真有些舍不得你！不过顾函去美国后你俩怎么办啊？”

“他去美国？你听谁说的？”舒影一脸惊愕。

这下小玥才意识到舒影并不知情，支支吾吾地说：“具体情况我也不是很清楚。”

见小玥欲言又止，舒影催促道：“你说吧，没关系的。”

小玥吞吞吐吐地说道：“我也是听劲平说的，说顾函接受了M资本纽约办事处的Offer……好像是过去当负责人……我也不太懂你们这行，听起来好像还挺厉害的。”

舒影没想到她和顾函的感情竟如此不堪一击，如同玻璃一般脆弱，经受不住任何的波折。当初他为了独立带团队离开天通证券，如今项目受挫为了去更好的平台发展又离开中国，事业对他而言永远是第一位的。

夕阳时分的红树林海滨公园天空依旧湛蓝，海水无比清澈，海浪拍打着岸边的岩石，偶尔远处传来几声海鸥的鸣叫声，舒影望着这无际的大海心里感叹：如果人与人之间的感情也能如此自然而纯粹那该多好。

顾函见舒影正面朝大海背对着他，便缓缓地走到她跟前。

“什么时候去美国？”

“等把离职手续办好就过去。”

舒影转过身来，看着顾函的眼睛放慢语速一字一顿地说：“为什么不告诉我？”

“因为……我还没有想好如何跟你说……”

舒影苦笑：“这也算是理由？”

“M资本纽约办事处负责人一职正好空缺，这是一次难得的机会，我先过去过渡下，后面……争取调回国内。”

“调回国内？M 资本的组织体系我有了解过，国内人民币基金每个行业领域的投资条线都有相应的负责人，而且是各投资条线内部培养提拔，调回国内谈何容易？”

“规则都是人定的，凡事不会一成不变，毕竟是大的投资集团，只要能进去终归会有机会的。”

“你每次都这样，总能找到冠冕堂皇的理由让自己显得很无辜，那你有没有考虑过我的感受？你拿到 Offer、提交离职，这些都没有告诉我，我还是拐了几道弯从别人那里才得知。你原本打算什么时候让我知道？是你飞去美国后吗？还是你的项目在美国纳斯达克上市之后？”

舒影意识到自己的情绪有些激动，她深深地吸了口气，努力让情绪平复下来，此刻除了潺潺的海浪声夹杂着几声海鸥悲切的啼叫外，剩下的只有沉默。舒影本还抱希望顾函可以给到一个可以勉强说服自己的理由，又或者有不得已的苦衷，而他的沉默让她更加失望。

“对不起。”

舒影最终等来的只有这冷冰冰的三个字，海风肆意地吹乱了她的头发，空气中弥漫着咸咸的海水的味道。

“算了，到此为止吧。”舒影转身离去，顾函站在原地看着她的背影越来越远，直至消失在这夕阳西下的海边……

宙峰实业未能顺利上市，大家自然把目光转向业内另外一家在会审核的拟上市公司——达鹏科技。面对众多的不确定性，达鹏科技到底会继续 IPO 之路还是选择并购，市场上充满了各种猜测。

红利资本的马总和常飞来到赵树岷的办公室，期望能够尽快促成达鹏科技与上市公司之间的并购案。

马总依旧满面红光，说话中气十足。一进到办公室就让人感受到一股强大的气场扑面而来，一番简单的寒暄之后马总直奔主题："达鹏科技的专利纠纷一时半会估计也解决不了，这样一直拖下去也不是办法，赵总得未雨绸缪另做打算啊。"

当初红利资本投资的时候就是冲着达鹏科技的上市预期，马总毕竟代表了公司股东的意见，赵树岷有些为难，沉默了片刻，说道："的确，没想到材料报到证监会后会被起诉专利侵权，我与投行也沟通了多次，专利纠纷不能妥善解决确实比较麻烦。"

"宙峰实业 IPO 功败垂成，如果我们现在通过并购途径登陆资本市场，那在业内一样能引起不小的轰动，而且还可以利用上市公司平台融资，对达鹏科技业务的发展也可以提供助力。"

见赵树岷没有接话的意思，马总继续说道："上次常飞引荐的上市公司你们接洽如何了？"

"见过一次，谈得还不错，不过最近也是因为太忙，收购的具体细节还没有详谈。"

"据我了解，这家上市公司最近见了十几个标的公司，如果和其他标的公司谈得差不多，那么我们可就没机会了！"

常飞的这番话让赵树岷心头一紧，毕竟来来回回也谈了不少的上市公司，估值能谈到十个亿的确实不多，错失这次并购机会实在可惜。

马总接着常飞的话强调："不错，一定要趁热打铁，把握好时机。如果被其他标的公司捷足先登，再要谈到这么好的条件估计就难咯。”

赵树岷缓缓地说道：“马总，不瞒你说，现在放弃上市，直接卖给上市公司，我确实有些不甘心，毕竟是自己一手创办起来的企业，也是我毕生的心血，企业上市是我人生的宿愿。”

“赵总，在这点上我非常理解和认同！不过千万不要一条路走到黑，把自己给逼到死胡同里了。直接上市当然好，但也要正视现实，如果专利纠纷一直解决不了，那上市这个事情打算拖多久？一年两年还是三年五年？从当下情况来看，并购才是更好的选择，我们的利益是一致的，你是大股东，我是小股东，我投了这么多的项目，要相信我的判断。”

马总这番话动之以情晓之以理，赵树岷确实也听进去了。常飞接着马总的话说道：“如果现在选择并购，一方面，可以变现部分资金落袋为安，毕竟现金为王；另一方面，三年锁定期到期后您也可以选择抛售股票带领团队离开另起炉灶，当然继续留在上市公司平台享受股票增值也是可以的。”

马总继续说道：“人生时刻都充满了选择，一定要在关键时候做出正确的选择。有机会可以去以色列考察一下，那里的企业家都是连续创业者，公司做到一定规模后就卖给上市公司继续创业，而且连续创业成功的概率会更高。当然如果实业做累了，到时候股票套现也可以搞投资嘛。哈哈，像我这样多扶持一些创新创业型的公司，让年轻人往前冲，不也是实现自己价值的一种体现嘛。”

…………

经红利资本牵线搭桥，达鹏科技与上市公司的初步并购方案基本谈定。由于这次并购方案谈判中红利资本引荐了其他投行介入，并购一事与天通证券已无瓜葛。

达鹏科技和天通证券向证监会递交了 IPO 撤销申请，达鹏科技首次申请 IPO 就此终止。

递交完上市终止材料后，从北京回程的飞机上，舒影望着曲建新感叹道："一切就这么结束了么?"

项目终止对投行来说是不小的打击，意味着前期的努力付之东流，曲建新安慰道："一个 IPO 项目能走到最终的敲钟上市是很不容易的，大家所看到的过会率仅仅是走到证监会发审会环节的企业，还有很多企业根本还没有走到那一步，上市梦就已经胎死腹中了。我们做投行的为企业上市保驾护航，途遇险礁企业要退缩，掉头另觅航线也没办法。这段时间以来团队确实很辛苦，就当作'练兵'吧，项目历练中专业水平和综合能力的提升会受用终身，对投行新兵来说，这也是其他职业平台远不能企及的。"

长时间的项目现场工作和投入往往会产生项目情结，纵使万般不舍也只能接受现实。舒影望着机舱外的景致，深圳至北京这段航线已经记不清往返多少次了，几乎每次都很匆忙，无暇顾及沿途的风景，唯有这次可以放松下来，而这放缓的节奏反而令人感到些许不适。

第十六章　回到原点

两年后……

在CBD中心大厦的二十七层，天通证券的会议室里正在进行面试。

“创业板发行市盈率很多都超过了一百倍，意味着每年税后利润不变，全部分红派现的情况下，也要一百年的时间才能回本，那么新股发行投资的逻辑是什么?”

“库存和应收是每家企业都面临的两大难题，现在有家企业实现了‘零库存’、‘零应收’，什么样的企业有可能做到?”

“如果安排你去尽调一家游戏公司，你将如何核查收入的真实性?”

…………

面试结束后，面试官从会议室出来，不是别人，正是舒影。与她第一次出现在这里相比，少了那时的懵懂、稚嫩，多了几分精干、成熟。

见舒影出来后，筱筱忙上前问道："舒总，这批面试的候选人怎么样？有满意的吗?"

舒影将那叠面试的资料递给筱筱："有几个还不错，我等一下会发邮件。"

"对了……你注册保代资格的资料已经寄到北京了，过了公示期就可以正式注册了。恭喜啊!"

舒影转过身来，朝筱筱笑了笑："辛苦我们筱筱大美女了!改天一定好好犒劳，请你吃大餐。"

处理完公司的事情后，舒影来到3H咖啡馆，找了个靠窗的位置坐下，午后阳光甚好，舒影在旁边的书架上取了一本书随意地翻看着。这些年来如果是老友见面，她一般都会约到这家咖啡馆，或许是习惯使然。

"等很久了?"

"我也刚到没多会儿。"舒影将手头的那本书合上："曲总!"

没错！对面那人正是曲建新，一年前他离开投行组建了一支基金，专门投资Pre－IPO项目或收购上市公司控股权，在资本市场做得风生水起。

"听说你已经注册保代了，祝贺啊！应该算得上是最年轻的保代了!"

"'最'字可不敢当，只能算是'最年轻的保代'之一。"

"哈哈，做投行的就是严谨。"

"那也是曲总您教的呀。"

两人闲聊了一阵儿，曲建新说道："最近我们投资的有个

IPO 项目快要进入上市发行阶段，不过目前市场上整体资金面并不乐观。”

“是啊，此前新股发行的市盈率太高，大量公司上市超募了不少钱，导致市场上的资金基本都被吸干了，而新股又不断出现破发，严重损害了投资人的利益。”

“新股发行市场化定价的大方向肯定是对的，不过，目前看来市场还不成熟。”

“市场的完善确实需要时间，不过新股破发从另一方面看也传递了积极的信号，至少说明投资人在用脚投票，市场也在逐渐回归理性。”

“没错……对了，达鹏科技的赵总你最近有联系吗?”

自从达鹏科技 IPO 撤材料后，舒影一直忙于其他项目，并没有太多联系，平日里只是简单的信息问候。

曲建新接着说道：“我前两天和赵总见面聊了一下，上次的并购案推进得并不顺利，双方最终没有达成合作。出于投资方的压力，再加上考虑到员工投到公司的股权，后来也谈了不少上市公司，希望并购退出，不过至今还没有谈定。你联系联系赵总，说不定还有业务机会。”

曲建新的话倒是提醒了舒影，自从上次 IPO 撤材料后确实疏忽了达鹏科技项目的跟进，只要达鹏科技有心涉足资本市场，投行还是有机会的。

“好，我最近联系一下。”

舒影与曲建新离开时，正好经过那间半掩着门的房间，舒影停下脚步不由自主地往里面瞅了一眼。

“怎么了?”

“德州扑克，很有趣的游戏。”

“你也玩这个?”

“偶尔。”舒影回过头来笑了笑说：“人有两种本性，一种是贪婪；一种是恐惧。当贪婪胜过恐惧时便会孤注一掷；当恐惧胜过贪婪时，就会畏葸退缩。现实生活中不敢放手一搏往往是因为代价太大，而在这里却不一样，只要设置好止损点，All-in（全押）让游戏更刺激、更有意思!”

曲建新也笑了：“听上去确实很有意思。”

离开咖啡馆后，舒影约了小玥在一家网红烧烤店吃饭，这家烧烤店生意十分火爆，到店的时候，店里已经坐满了顾客，两人在店外排号等候。

“肖劲平最近怎么样？又出差了吗?”舒影问道。

“是啊，就没在家好好待过几天，说好的蜜月旅行一拖再拖。什么碧海蓝天、椰林入云的梦幻之旅，到头来不过黄粱一梦，我当时也不知是哪根筋搭错了，怎么会嫁给干投行的。”

小玥这话刚说出口就后悔了，当初因为舒影牵线搭桥，她和肖劲平才会走到一起。小玥赶紧说道：“听他说手头的项目这周就可以报到证监会，等他这几天忙完了应该可以休个大假，我们正在计划好好出去旅游一下。”

“确实得让他好好补偿你。阳光、沙滩、海浪、珊瑚礁一样都不能少。”舒影顺着小玥的话半开着玩笑。

“唉，其实玩倒是次要的，我真心希望他这次的项目能够顺利上市，赶紧把保代资格给注册下来。”

肖劲平至今还没有注册保代资格，之前跳槽的时候承诺有再融资项目给他签协办，绝对是短平快的好项目，但谁又能料想到项目过会后在发行阶段被企业内部举报，发行批文硬生生地被拖废掉了。

舒影安慰道：“通过保代考试后能否顺利注册确实得看运气，好些人考试通过七八年了都没能注册，协办的项目要么被监管层否决，要么因为各种原因撤销上市申请。当初达鹏科技项目申报的时候，林霏进投行的时间比我们都早，他签了这个项目的协办，结果因为企业要并购，将上市申请材料撤回，林霏只能再签其他项目，到现在也还没有注册。”

“是啊，不过话说回来，你这次挺顺利，通过保代考试后没多久协办的项目就顺利上市了，入行这么短时间就能注册保代确实很难得。”

“创业板开闸后公司储备项目多，机会自然也就多了。”

“所以我老跟劲平说，如果当初他不跳槽的话，说不定也跟你一样注册了。”小玥抱怨道。过了一会儿，小玥试探着问：“对了，你跟顾函怎么样了？还在联系吗？”

舒影淡淡地笑了一下：“已经很久没联系了。”

这时，排号已经轮到了，舒影和小玥被服务员引到一张空桌，舒影刚刚坐下忽然听到隔壁桌有人跟她打招呼，原来是达鹏科技研发部之前的员工许洋和刘辉。舒影与他俩许久未见，恰好碰上，于是将两张小桌拼凑到了一起。

许洋让服务员加菜，他拿起菜单随意地翻看了一下，顺溜地报出一串菜名，点完菜后还不忘叫店老板赶紧再上一扎啤酒。

“你们的新公司怎么样了？还顺利吗？”

提起新公司，许洋和刘辉的脸上都难以掩饰地流露出尴尬的表情。这时店老板亲自把菜端上来热情地招呼着，店里这般忙碌老板还如此照顾，看来许洋和刘辉已是这里的常客。

“你们常来这家店吗？”舒影问道。

“最近这段时间几乎天天都来，点几份烧烤和下酒的小菜，喝到很晚才回去。”

许洋在达鹏科技的时候是出了名的工作狂，有段时间未见没想到会如此消沉，竟然借着酒精来麻醉自己，再加上舒影刚刚提到新公司时二人的表情，看来创业并不太顺利。

许洋一边倒酒，一边说道：“当初都怪自己草率做了创业的决定，如今不仅让自己骑虎难下，还连累了兄弟。”许洋口中的兄弟显然是指坐在一旁的刘辉，刘辉并没有接话，只是埋着头默默地吃着烧烤。

舒影感到奇怪，听上去似乎话里有话。当初虽说是许洋提议，但两人是共同决定出去创业的，创业风险自然应当共担，委实不至于说“连累”二字。

许洋放下手中的烧烤，端起桌上的啤酒杯喝了一大口，接着说道：“创业的投资方潘总是我老东家宙峰实业陆总监引荐的，我对设立公司本来就一窍不通，股权设计方案我也没太多过问，潘总怎么说我们就怎么做，和兄弟们一心扑在技术上。当初谈的是技术入股，但技术入股程序很复杂，为了尽快把团队搭建起来，当时找了一家现成的公司零对价转让了六成的股份给我们创业团队，考虑到我和刘辉都还没有完全从达鹏科技脱离，再加上竞业禁止条款的原因，这六成股份便暂时放在我们另外一个一起创业的兄弟名下。

“创业研发需要大量的资金投入，但一段时间下来这家公司账面上的资金所剩无几，我找了潘总好几次商量增资，他都以各种理由拖延或推托。后来我们才得知，这家公司注册资金一千万元并没有实缴到位，基本上就是空壳公司。我们几个兄弟都是技术出身，也没有太多法律意识，当时股权转让协议中并没有提及转让的六成股份未实缴到位部分的处理，咨询律师后才知道如果协议中没有约定，将由股权受让方，也就是我们创业团队来承担后续的出资义务，除了前期少量实缴资金，一千万元的注册资本，也就是说我们占六成股份就有近六百万元的出资义务……”

听到这里，舒影打断了许洋的话：“对于这一点，如果双方协商一致，倒可以以补充协议的形式明确后续的出资义务。”

许洋摇了摇头：“我也找了潘总商量，他口头上答应得很好，可就是不肯签订书面的补充协议。听说最近他们有个大项目，资金都抽调到那个项目上去了，由于资金迟迟不能到位，我们的创业项目目前基本处于暂停状态。”

没想到许洋和刘辉出去创业竟栽了这么大的跟头。过了一会儿，舒影问道：“那当时引荐你和潘总认识的陆总监怎么说？”

“后来我才了解到，在引荐我见潘总之前，陆总监和潘总也只见过一面，目前的情况他也无可奈何。”

“投资主要看人，投资方对陆总监和你都不是很熟悉的情况下就贸然决定投资确实过于草率。陆总监是宙峰实业的老人，当初提议你离开达鹏科技出去创业之时正是两家公司专利纠纷杠上的时候，而你是其中的关键人物，当时达鹏科技还处于上市的关键节点，如果目的只是让你离开达鹏科技……”舒影分析到这里突然停下来。大家都沉默了，不敢继续往下猜，又或者不愿继续往下猜。

酒杯在桌面上来回蹭着发出单调的声响，那是许洋下意识地手握啤酒杯机械般重复的动作，也许只有这样才能掩饰他此刻复杂的心情。许洋是这盘棋局中的一颗棋子，而且还是关键的一子，尽管这一切都非他所愿。

过了一会儿，舒影继续说道：“其实也不是完全没有回旋的余地，你们可以考虑重回达鹏科技。”

舒影的话说到了二人的心坎上，许洋和刘辉抬头互相对望了一眼，虽然他们都曾有过这样的念头，但顾虑太多从未说破。

舒影接着说道：“你们在达鹏科技持股平台上是有股份的，离职的话这部分股份按约定需要收回，当初你们提出离职正是达鹏科技 IPO 在会审核的关键时期，公司从大局出发保留你们的股权也只是权宜之计。如今既然创业不顺，是否重回达鹏科技你们要尽快做决定。”

许洋叹了一口气，说道：“不瞒你说，我当初离开达鹏科技很大的原因是与老东家宙峰实业曾签订过竞业禁止条款。这两家公司专利纠纷不断，如果宙峰实业再以这条起诉，只怕会使两家公司的关系更加紧张，我自己也将再次陷入困境。”

“竞业禁止条款？你从宙峰实业离职后，宙峰实业有对你的竞业禁止行为做出过任何的经济补偿吗？”舒影追问道。

“那……倒没有。”

“既然如此，那么竞业禁止条款是无效的。”

“无效?”许洋心里一震。这么久以来令许洋忐忑不安的竞业禁止条款竟然无效!

宙峰实业在许洋违反竞业禁止条款的问题上始终只打雷不下雨，迟迟没有采取进一步的行动原来是有原因的。而许洋也从来没有找专业人士咨询过，所以才会如此被动。再加上潘总这茬事儿，此刻许洋才恍然大悟。

这时，坐在一旁的刘辉有些按捺不住了，试图打听达鹏科技的情况：“听说达鹏科技上市计划早已经终止了，公司目前情况怎样?”

“当初上市终止是因为在谈收购，赵总也是为了能够兼顾各方面的利益才做出这样的决定。”舒影停顿了一下，接着说道：“不管是 IPO 还是并购，员工所持有的股份都是可以变现退出的。”

许洋心里琢磨着，毕竟自己和一起出来的兄弟在达鹏科技都是有股份的，如果彻底离开，那么所持有的股份会按照约定收回。当初他们离开达鹏科技的时候那么坚决，赵树岷和冯晓婷怎么劝说都不肯留下，如今在外面吃了亏又要回去，谈何容易。

舒影看出了许洋的顾虑，说道：“或许我可以帮你们打听一下赵总的想法，至于能不能重回达鹏科技就要看你们的造化了。”

许洋和刘辉万分感谢，拜托舒影先打探一下情况，从当下的处境来看，如果能够重回达鹏科技自然比在外面瞎折腾好。

过了几天，舒影来到达鹏科技。大家见到舒影都很热情，尤其是秋桔，许久不见上来就拉着她聊天。

“好久没见了，都不来看看我。”秋桔撅着嘴说道。

“之前确实是太忙了。最近怎么样？”

秋桔叹了口气：“我们证券部这两年内部考评都很差，上市未果，收购的工作又没能顺利推进，其他部门也不待见。”

“收购受多方面因素影响，哪里是你们部门所能左右的，无非只是配合具体工作而已。”

“话虽如此，但部门考核毕竟没有业绩，在公司的地位也大不如以前了。”

听到秋桔的抱怨，舒影心里也不是滋味，安慰道：“熬过去就好！领导迟早会看到你们的价值的。”

“但愿吧！”

“对了，赵总最近怎么样？”

秋桔凑到舒影耳边说道：“谈了不少上市公司都没谈成，董事长正为这事儿心情不好呢。”

见舒影沉默不语，秋桔故意岔开话题：“听说这两年你做了不少企业上市，看到你发的敲钟上市的照片真羡慕，也不知道什么时候才能轮到我们。”

舒影笑了笑：“那就看你们赵总的决心了。”

与秋桔道别后，舒影来到赵树岷的办公室，他正手握高尔夫球杆随意地旋转着腰肩，看来这些年一直在坚持。赵树岷见舒影来了，放下球杆，热情地招呼着：“舒保代来了，恭喜恭喜！”

舒影笑道：“赵总，您消息真够灵通的。”

“那当然，前几天和曲总见面还聊到你了。听说你已经注册保代了，这么久也不来关心我们公司，就顾着忙其他项目去了？”

“前段时间确实挺忙，不过达鹏科技肯定是放在心上的，只是担心赵总太忙了，没好意思来打扰。”

“瞧你说的，只要你来我肯定不忙。”

一番寒暄后，舒影问道：“收购的事情进展怎么样了？”

提到收购，赵树岷的脸色突然阴沉下来，无奈地摇了摇头：“唉，最终还是谈崩了。”

赵树岷从座椅上站起身来，在桌上拿起包烟，绕到茶桌旁的沙发上坐下，把烟点上后缓缓地说道：“当时提出终止 IPO 的时候和上市公司的并购方案基本谈得差不多了，对方也安排团队到我们公司来尽调，问题出在这家上市公司并不是从事我们行业的，对我们行业一点都不了解，大家在很多经营理念上很难谈到一起。当然，后面也有接触其他上市公司，不过都没有实质进展。”

“并购的不确定性确实很大，方案需要多轮谈判协商，如果双方经营理念不一致，确实很难走到最后。”舒影指了指赵树岷刚才随手放在桌旁的那支球杆，接着说道：“就好比打球，面对目标既可选择激进、冒险的直接攻打法，也可以选择保守的分段式打法。当然，直接攻打的过程会比较刺激，可一旦失误的话后果就严重了，球下了水或掉进沙坑都会使整个进程变得被动，而保守的打法虽然会差一杆的成绩，但至少安全，最终可能会赢得全局。打球如此，并购其实也一样。”

听了舒影的这番话，赵树岷笑道：“你也开始打球了？”

舒影尴尬地说：“水平很差，班门弄斧了。”

“说好咯，改天一起打球！”

“没问题……那赵总后面怎么打算？”

赵树岷回想着从筹备上市到撤回上市申请，再到并购失败，仿佛这一切都如过眼云烟。他举起手上的那支烟，深吸一口后说道："估计还得走并购这条路，投行接触的上市公司资源多，多帮我留意一下，有合适的上市公司给推荐推荐。"

"好，我会留意的。"

舒影此番本想提一下许洋等人重回达鹏科技的事，可眼下这情形倒让她有些犹豫。专利纠纷一事虽说许洋也很无辜，但毕竟因他而起，如今又并购未果，赵树岷是否会牵连于他实在不好说，不过既然受人之托也只能试试。

"前几天我见到以前研发部的许洋和刘辉了。"

听舒影突然提起许洋和刘辉，赵树岷不免有些意外，说道："我也有段时间没见到他们了，他们的创业公司搞得怎么样？"

"听说投资方的资金迟迟没有到位，项目暂停了。"

"哦！"赵树岷的语调显得格外高昂，这一声感叹的背后到底是何深意？

舒影试探着问："如果重回达鹏科技，不知道还有没有可能？"

赵树岷的脸色立刻严肃起来，抖了抖烟灰，说道："前阵子太忙都快把这事儿给忘了，既然他俩离开，股份也应该清理了，我回头就安排人处理。"

舒影有些后悔提这事儿了，不过眼下只能一条道走到黑，便接着说道："当初他们离开确实很不理智，出去折腾一番才体会到平台的重要性。大家都明白这个行业技术人才很关键，现在要重新招聘优秀的人才确实也不容易，当初员工股权激励的时候为了留下许洋，相信赵总也是下了一番功夫。达鹏科技和宙峰实业目前的专利纠纷还未了结，如果这两员大将都彻底离开了，岂不正中了宙峰实业的下怀？”

赵树岷琢磨着舒影的话，他拿起那包烟又抽出一支来点上，吸了几口后问道：“他们愿意回来？”

“嗯，看得出来他们对达鹏科技还是有感情的。”

赵树岷将那尚未燃尽的烟头摁到烟灰缸里，烟头上零星的火星微微隐去，他将身体往后靠，缓缓地说道：“创业是一条不归路啊！一旦创过业的人都很难再回头安心工作了。”

“可是创业九死一生，并不是每个人都适合创业。他们在达鹏科技持股平台上有些股份，如果实在担心的话，也可以让他们承诺延长股份锁定期，这样既可以起到激励的效果，也可以免除对他们短期内再次离开的担忧。”

赵树岷抬头看了看舒影，犹豫了片刻，说道：“我再考虑考虑。”

送走舒影后，赵树岷将人事部经理冯晓婷叫到办公室：“最近研发部门的招聘情况怎么样？有没有找到合适的人选？”

冯晓婷以为赵树岷是责罚她工作没做到位，战战兢兢地汇报道：“赵总，最近面试了不少人，不过既要专业和教育背景过硬，又要有一定行业经验，确实不好找，目前……还没有找到合适的人选，您再给我些时间……”

赵树岷站起身来，在屋内走了几步，最后停在办公桌前，身体靠在桌沿上，双手交叉抱在胸前，看着站在对面的冯晓婷，说道：“你通知一下许洋，让他明天到我办公室来。”

冯晓婷一脸茫然，有些摸不着头脑，当初许洋可是费尽心思都没能留下的。不过见赵树岷如此坚定，定然有十足的把握，冯晓婷回了一下神连声答应。

第二天，许洋按照通知的时间来到赵树岷的办公室。走进办公室后，许洋特意转身将房门紧紧关上，此前许洋找董事长汇报工作的时候可从来没有这样的习惯。

许洋在赵树岷对面的椅子上坐下，赵树岷见他欲言又止的样子，注视了几秒，便开门见山地问道："你想回达鹏科技？"

许洋嗫嚅着说："之前出去创业太冲动了……我也确实不适合创业……不知道是否还有机会？"

赵树岷没有马上回答，他将身子靠在椅背上，胳膊肘撑在座椅的扶手上，一只手托着下巴，面无表情地看着许洋。许洋被盯得有些不自在，嘴角抽动了一下，又马上收紧，似笑非笑，显得十分尴尬。

"当初离开的时候不是挺坚决的嘛……"

许洋听闻此言，脸色顿时变得铁青，轻轻吁了一口气，什么也没说。

"你也算行业内的技术专家了，年纪轻轻有这样的技术经验和研究成果的屈指可数，确实是难得的人才，我当初招你进公司的时候还是很有眼光的。"

这话让许洋有些琢磨不透，从赵树岷那带有一半调侃的表情上，许洋看不出他是不是在开玩笑。此刻许洋如坐针毡，心里暗暗地懊悔不该抱有希望。

赵树岷见许洋默不作声，语气缓和了许多，说道："公司最近在对研发中心进行组织架构调整，技术总监一职还没找到适当的人选。所以，我希望你留在达鹏科技，发挥更大的作用。"

许洋怔住了，不敢相信自己的耳朵，惴惴地问道："您真觉得我能胜任这个职位？……不介意之前的事情？"

"起码现在我觉得你可以。"赵树岷推心置腹地说道，瞬间敛起笑容，话锋一转，语气变得严肃起来："不过，这次重回达鹏科技就不要再有其他的想法了，股份可以保留，但需要和公司重新签署一份长期服务协议。"

许洋立刻回复道："没有问题。那……刘辉？"

赵树岷起身绕到许洋的座椅旁，拍着他的肩膀说道："刘辉的去留由你这技术总监来决定。"

许洋和刘辉创业未果，最终还是重回了达鹏科技。而达鹏科技仍然在资本市场上寻求出路，几经波折，一切仿佛又回到了原点。

第十七章　再次申报

行业内大客户招标信息公开后赵树岷召集各相关部门负责人开会，销售总监蔡亦丹将相关的招标信息投放到会议室的屏幕上，分析着本次的招标要求。

“Q 公司是国内下游领域的一家大型集团公司，本次招标集中采购涉及金额很大，对投标人的技术水平和资金实力要求都很高。从我们公司的资质证书、过往项目业绩来看都可以满足招标要求，产品技术环节应该没问题吧?”

蔡亦丹将目光从墙壁的屏幕转向坐在斜对面的许洋，许洋眉头紧锁：“确实有些问题，其中有一款产品涉及诉讼专利。”

“可以采用联合投标的方式，涉案专利产品的替代供应商落实得如何了?”赵树岷问道。

这时，采购总监怯怯地说道：“赵总，还没找到合适的供应商。”

之前与达鹏科技合作过的两家供应商都被宙峰实业捷足先登，并且承诺不能再把类似产品卖给同行。而达鹏科技涉案专利产品的替代供应商仍然没有着落，不过这也怨不得采购总监办事不力，国内具备开发能力的厂商并不多，并且如果要满足本次招投标的要求，前提是联合投标人也必须在 Q 公司的供应商名单内。

赵树岷将手中的笔放在桌前摊开的记事本上，胳膊肘离开桌面，身子往后仰靠到椅背上。他心里很清楚，这一步步都是竞争对手宙峰实业所设下的套，如果不能在这次大客户招投标中绝地反击，势必会更加被动。他清了清嗓子，说道："本次招投标对达鹏科技下游业务的拓展是一次绝好的机会，攻下这家客户公司未来两到三年的业绩就有了保障。鉴于专利纠纷的问题，从眼下情形来看只能联合投标，一定要尽快找到具备条件的联合投标方。大家都打起精神来，有困难就要想办法克服困难，务必确保投标工作的顺利推进。"赵树岷做完指示后安排蔡亦丹牵头负责本次投标，其他部门全力配合。

会议结束后，赵树岷联系舒影见面，约在了中心区附近的一家茶楼。

舒影到达茶楼后说是赵总预定，便被引到楼上一处僻静的茶室。此处装修格外精致，摆设也很讲究，茶室侧角处有一张小叶紫檀书桌，桌上摆放着文房四宝，还有一幅墨迹未干的"宁静致远"的书法，对面的博古架上摆放着明清时期的花瓶和饰物摆件，四周的墙面上挂着几幅山水古画，无不透露着浓浓的书香与主人高雅的志趣。舒影从茶桌上拿起一卷如同战国竹简般的茶单，准备点壶茶。这时，赵树岷正好进来："先别点了，我这里有武夷山的好茶正好试试。"说着便把一小罐茶叶递给了旁边的服务员。

"这是我朋友开的茶楼，他平时纵情于山水，丹青写意，笔墨抒情，算是我辈中颇有情怀之人。楼下正常开店营业，楼上安静些，一般很少人打扰，经常被我用来谈事。"

"环境不错！确实是 CBD 一带难得的静谧之处！赵总，最近公司有啥变化吗?"

"有！当然有！许洋和刘辉回到达鹏科技正常上班了。说到这事啊，还得感谢你！"

舒影笑道："那挺好，举手之劳罢了。"

"不过……真心希望他俩这次回来能踏踏实实把事情做好，不要再被外界的利益诱惑迷了心窍。"

"吃一堑长一智嘛，年轻人难免会有冲动的时候。"

这时，服务员将沏好的茶端上来，舒影细细品上一口："确实是好茶，口感鲜活干爽！"

舒影放下茶杯："对了，赵总……您刚在电话里说有事情咨询?"

"嗯，我记得你之前提到过，如果能够证明涉诉专利不影响公司的正常经营运作，IPO 还是可以继续推进。"

"可以这么理解。"

"最近有家大客户在招投标，其中有款产品涉及诉讼专利。我在考虑，如果采用联合投标的方式把这单业务拿下来，是不是就能证明公司的业务不受影响?"

“涉诉专利产品在整体招标金额中占比大吗？是否属于核心产品？”

“占比不大，也不是核心产品，因为是集中采购整体招标不能分拆，不过联合投标是可以的。”赵树岷顿了一下，问道：“如此一来，是否可以重新启动IPO？”

舒影没有马上回话，端起桌上的茶杯轻轻吹着浮在水面上的茶叶，品了品后将杯子放回桌上，说道：“如果这单业务能够顺利拿下并实施，专利纠纷对公司业务的正常开展不构成实质影响，那么重新申请上市是有可能的。”

听到这里，赵树岷脸上抑制不住地掠过一丝兴奋之色，不过转瞬即逝，长叹了一口气说道：“唉……你有所不知，这次竞标业内最有竞争实力的就数达鹏科技和宙峰实业两家公司了。原本我们公司在国内市场有天然的优势，但宙峰实业趁着达鹏科技的相关专利不能正常使用又断了供应商渠道，看来他们这次攻下大客户也是志在必得啊！”

在投标这件事情上，赵树岷还是第一次表现出悲观的一面。当然，舒影毕竟是第三方，在她面前坦言无须顾忌是否会影响到公司员工的士气，如此交谈倒也轻松。

舒影详细了解了招标项目的情况后，忽然想到进投行之初接触的东莞那家企业。当年金融危机公司海外业务紧缩项目暂停，不过公司的研发实力在国内还是算不错的，金融危机后公司为分散区域风险，业务也逐步向国内市场转移，说不定有合作的契机。

赵树岷让舒影赶紧联系，舒影拨通了严董的电话，严董在深圳办事，这会儿正好有空。

严董与舒影也是许久未见，于是答应到茶楼一聚。

过了没多会儿，严董来到茶楼，在舒影的引荐下与赵树岷见面，一聊才发现原来世界真的很小，两家企业虽然之前没有直接合作过，但行业内却认识不少共同的熟人，更巧的是东莞这家企业也在达鹏科技要竞标的这家大客户的供应商名单中，不过严董考虑到公司产品单一，整体竞争力有限，原本打算放弃这次投标。如此一聊却豁然开朗，如果双方合作，联合投标不仅可以规避达鹏科技涉诉专利的影响，而且中标的可能性也是极大的。

事情的发展有了转机，赵树岷感觉犹如神助，与严董和舒影道别后回到公司，立即召集技术和销售部门开会，安排与东莞这家企业对接。

双方公司的技术人员碰头并经过反复测试后确认了方案的可行性。赵树岷向销售总监蔡亦丹下了死命令，这次的招投标至关重要，只能成功不能失败，拿下这家大客户不仅是公司业务层面的突破，同时也能证明涉诉专利并不会对公司的经营造成重大不利影响，为达鹏科技的上市之路扫清障碍。

眼看客户投标截止日期临近，蔡亦丹牵头召集公司相关部门开会，讨论投标相关事项。

“投标文件中的商务标部分我们销售部会牵头完成，技术标部分与东莞那家企业的对接进展如何了？”

“已经初步通过相关测试，技术层面应该没有问题，不过投标样品至少需要一周的时间才能完成。”许洋回复道。

“一周？时间还能缩短吗？”

“最近我们已经和东莞这家公司的技术部在反复沟通了，要确保满足投标要求至少还需要给我们一周的时间。”

蔡亦丹听到这里犹如当头一棒，距离投标截止日期只剩下最后三天了，如果到时候达鹏科技连投标都参与不了，岂不让同行笑话。她在这个领域摸爬滚打这么多年，如今在业内销售界已颇有名气，对她而言是绝对不允许这样的事情发生的。

“一周肯定来不及！两天，最多两天！”蔡亦丹的语气十分坚定，似乎并没有给对方留任何商量的余地。

许洋显得很为难，沉默良久后说道：“蔡总，我很理解您现在的心情，我也很着急，可实在是没办法……这是双方第一次合作联合投标，我们必须反复测试才能确保系统性能的稳定，单单测试老化这个环节就需要48小时以上。如果只是为了应付交差，万一产品使用中出现安全性或兼容性方面的问题，这个责任我们谁都承担不了啊！”

蔡亦丹无法反驳，在销售方面她的确是一把好手，可碰到技术问题却只能干着急，根本使不上劲，看来这“一周时间”是没有讨价还价的空间了。

会议结束后蔡亦丹回到自己的办公室，将门关得死死的。直到快下班的时候，销售部王佳敲了敲门，推开蔡亦丹办公室的门，问道：“蔡总，今晚还需要让大家留下来加班准备标书文件吗？”

蔡亦丹将原本背对着门口的座椅转过来，看了一眼办公桌上那堆厚厚的还没有完成的标书文件，长叹了一口气，说道：“不用了，让大家都回去吧。”王佳见蔡亦丹有些消沉，估摸着肯定是为刚才会议上讨论的事情烦心，也不好多说什么，只是缓缓地将门带上。

蔡亦丹心里很清楚，赵树岷只看结果，如果错过投标时间，那么她根本没办法向董事长交代。销售部的人都陆陆续续地离开了，蔡亦丹留在那间空荡荡的办公室里，独自待到很晚。

接下来的两天蔡亦丹都没有来公司，打电话也没人接。眼看投标截止日期就快到了，赵树岷急得团团转。据销售部的同事们说，这两天都没有见到蔡总，也没有人能联系上她，工作上的邮件也没有回复。之前就有传言业内竞争对手在高薪挖蔡亦丹，甚至有传闻蔡亦丹与宙峰实业已经私下接触过了，只不过赵树岷一直没有理会。如今发生这样的事情，员工们免不了又开始私下议论纷纷。

蔡亦丹跟随赵树岷一起打拼了近十年，赵树岷了解蔡亦丹的为人，她是典型的女强人，事业心和责任心都特别强，平时销售线的工作都是事无巨细亲自过问，按理不应该在这个节骨眼上无缘无故地撂下一摊子事儿不管，难不成是出什么事了，又或者之前的传言真的不只是传言……

赵树岷实在是放心不下，公司的事情又走不开，只能安排王佳到蔡亦丹家里去打探一下情况。

蔡亦丹家住在南山区临海的一个小区里，王佳曾经到蔡亦丹家里送过文件，凭着印象找到了蔡亦丹家的住址。王佳仔细确认了门牌号和周边的环境，轻轻敲了两下门，开门的是一位头发花白的老人，王佳认出此人正是蔡亦丹的父亲，上次来送文件的时候恰好也在。

“伯父，您好！请问蔡亦丹蔡总家是住这里吗？我是小王，蔡总是我领导。”

“哦，小王啊……快，请进请进！”蔡父热情地招呼着，王佳随着蔡父进到客厅。上次来只是在门口送完文件就匆匆离开了，这还是第一次进到领导家里。蔡亦丹家客厅的风格非常大气，华丽的水晶大吊灯、精致的实木家具、米黄的大理石墙面、舒适柔软的地毯，无不彰显屋子主人高雅、时尚的品位，确实与蔡亦丹的风格相符。

听说有客人来，蔡亦丹的母亲也从厨房里出来，忙活着给客人倒水。

“蔡总这两天没有去公司，我们董事长非常关心，专门派我过来看看蔡总家里是不是有什么事情，能不能帮上什么忙。”

王佳表明来意后，蔡父、蔡母面面相觑，过了好一会儿，蔡父试探着问：“你是说，亦丹这两天都没有去公司？”

这时王佳心里一紧，看来两位老人并不知道蔡亦丹的行踪，难不成真的出事了？不过在事情没有完全弄明白之前千万不可胡乱猜测。王佳努力克制住自己紧张的情绪，端起桌前的水杯喝了一口，强装着镇定的样子说道：“也有可能蔡总临时有事出差了。”

“亦丹确实经常出差没在家，昨天我还给她打了一个电话没人接，我想她可能是在见客户正忙着，就没再……老伴，你赶紧再打一个电话……”

蔡父急急忙忙进屋拿来手机，从桌上抓起一副老花眼镜匆忙戴上，王佳隐约能够感受到蔡父在手机上摁键的手指在微微颤抖。这次电话并没有拨通，只是传来手机关机的提示音。

这下两位老人可急了，王佳赶紧安慰道："关机有可能是在飞机上，等一会儿蔡总下了飞机看到了短信提示应该就会回复。"

王佳告别两位老人后急忙赶回公司向赵树岷汇报情况，赵树岷急得在办公室里来回踱步，自责不应该在投标这件事情上给蔡亦丹太大压力，要是蔡亦丹有什么三长两短，真不知道该如何向她家里人交代。

"赵总，要不……我们报警吧。"

一旦报警无疑将事态上升，可能引发公众舆论关注，如果坚持不报警，万一真出了什么意外，可经不起时间的拖延。赵树岷脑子里浮现出各种可能，平日里一向果断的他显得有些犹豫不决，但此刻无论什么都比不上蔡亦丹的安危更重要。

"……好，报警吧！"

"报什么警？"这时办公室的门被推开了，门口站着的不是别人，正是蔡亦丹。

赵树岷和王佳都惊呆了，蔡亦丹还穿着前几天开会时的那身衣服，头发有些凌乱，整个人显得很疲惫，风尘仆仆的样子。

"蔡总回来了就好，您不知道赵总有多担心您。两位领导那我先去工作了。"王佳很识趣地离开赵树岷的办公室，并随手将门带上。

进到办公室后，蔡亦丹径直坐到沙发上，将平时常背的大挎包随手往旁边一放，拽起桌上的矿泉水拧开就往嘴里灌，"咕噜咕噜"几声下来，一大瓶水已经瞬间下肚了。蔡亦丹从桌上扯了一张纸巾一边擦着嘴角溢出的水滴，一边说道："赵总，这次可得给我封一个大红包了！"

见蔡亦丹安然无恙，赵树岷一直悬着的心终于放下来。赵树岷坐到蔡亦丹对面的椅子上，心里虽然很欣慰，但仍然面带愠色，严厉地说道：“你到底搞什么鬼，知不知道大家都在担心你……”

蔡亦丹却流露出满不在乎的表情，故作神秘地说道：“我这不好好的嘛，而且还带回来一个好消息。”

这时，赵树岷收起严肃的面容，忍不住好奇地问：“什么好消息？”

蔡亦丹冲赵树岷得意地笑了笑，特意放慢了语速，一字一顿地说道：“客户今天的招标会取消了！”

原来蔡亦丹消失这几天都在为投标的事情奔波。那晚蔡亦丹独自在公司待到凌晨，她将客户的招标文件翻出来反反复复地研究，最后眼球落在了“合格投标人至少三家，否则废标”这几个字上。蔡亦丹仔细研究了客户的需求，像这样的大客户采购，有竞争实力的业内也就达鹏科技和宙峰实业两家公司，其他小公司无非也就是去陪标刷一下存在感。蔡亦丹这些年在业内打拼，销售领域人脉颇多，如果能够说动业内的那些小公司放弃投标，那么这次的招投标就很可能失败。想到这里，蔡亦丹立即将以往投标中曾碰到过的公司名单从电脑里调出来，逐一分析各家公司的情况：哪些公司是可以电话沟通解决的？哪些是必须亲自拜访的？所有资料整理齐备后天已经蒙蒙亮了，蔡亦丹顾不上回家拿行李，便直接奔赴机场。

赵树岷看着眼前坐着的一脸疲惫的蔡亦丹，内心充满了自责和愧疚。作为公司董事长，对蔡亦丹这些天的辛苦奔波和付出竟全然不知，甚至曾经有那么一瞬间隐约怀疑过蔡亦丹真的背叛了他。然而，谣言终将不攻自破。

“你把名单上的公司都沟通了一遍?”

“没错！我必须抢在开标前联系业内可能参与竞标的公司逐个做工作，劝说他们放弃这次投标，当然有些关系不错的电话就可以解决。”

“那你劝这些公司放弃投标的交换条件是什么?”赵树岷自然清楚商场上并不是太多讲感情的地方，蔡亦丹能够让这些公司自愿放弃投标肯定是有原因的。

“这……我就真的是要先斩后奏了。交换条件是承诺达鹏科技的其他订单可以适当让渡，让这些小公司参与进来。”

蔡亦丹不愧是销售女王，确实是琢磨透了这些小公司的需求，规模小、竞争力弱，大部分公司都愿意放弃投标而利用这次机会来傍上达鹏科技这棵大树。在投标截止日那天，只有宙峰实业和另外两家公司参与了投标，但其中有家小公司投标材料出现问题，有效投标数量少于三家，只能重新招标。

赵树岷兴奋地说道：“你是愈来愈让我佩服了，真的是巾帼不让须眉啊！不过不管怎样，你都应该提前让我知晓此事，大家都很担心你。还有……你的父母，赶紧回家给他们报平安吧。”

这时蔡亦丹才猛地意识到，她忙起来确实有好几天没有和家里联系了，与赵树岷道别后便匆匆离去。

自从专利侵权诉讼以来，宙峰实业步步紧逼，丝毫不给达鹏科技留任何喘息的机会，而这一次蔡亦丹这仗打得实在是漂亮，不战而屈人之兵，达鹏科技所处的被动局面也得到了彻底逆转。

Q 公司再次招标的日期往后拖延了整整一个月，给达鹏科技留足了准备的时间。虽说宙峰实业是行业内最大的竞争对手，但其过往业绩大多集中在海外市场，而 Q 公司的项目毕竟在国内实施，再加上宙峰实业 IPO 被否，整体竞争力不免有些受挫，达鹏科技最终中标也是顺天应时。这次中标不仅让达鹏科技获得了一单大生意，在业内名声大震，也使得长期以来如同幽灵般困扰公司的专利纠纷的影响得以淡化，可谓一石二鸟。

大项目落实后，赵树岷仿佛又看到了独立上市的希望，此时距离达鹏科技前次终止 IPO 已经过去快三年了，创业板上市公司数量由第一批的二十八家迅速增加到了三百余家，发行市场经历了市场化定价最为疯狂的阶段，一百三十倍以上的发行市盈率创下了 A 股市场有史以来的最高纪录。在这场资本市场的盛宴中，不少企业一举成名，他们是这个时代的获益者，不过还有更多的企业仍在上市这条路上苦苦挣扎。

达鹏科技再次将申请 A 股上市提上了日程，尽管已经错过了上市的最佳时机，不过最终只要能够上市，一切等待都是值得的。赵树岷找到舒影讨论达鹏科技再次申请 IPO 的申报计划，舒影提醒道：“这次申报 IPO 已经是第二次申请了，不论是监管、媒体，还是业内都会特别关注，上次报到证监会后反馈的问题仍然是本次申报关注的重点，相关问题得到妥善解决后才能申报。”

“那当然！专利纠纷的问题对公司的影响已经解决了，目前还有其他问题吗？”

“还有关联厂房租赁的问题！达鹏科技租赁关联方达策实业的厂房，生产厂房属于核心资产，前次审核中已经关注到关联租赁的商业合理性，以及关联方厂房未纳入上市主体的原因。市场上这类案例不少，基本都是在申报前得到了妥善处理。如果这个问题始终不解决，那么我们后续推进上市仍然存在很大的不确定性。”

舒影停顿了一下接着说道：“赵总，既然选择二次申报，千万不要有闯关的侥幸心理了。”

关联厂房租赁的问题是赵树岷最不愿提及的，要彻底解决这个问题需要由达鹏科技收购关联方达策实业的股权。一方面，达策实业的资产剥离和股权转让都必须要获得其他股东的支持；另一方面，上市公司毕竟是公众公司，就赵树岷个人而言也希望尽可能将房产能够保留在上市主体之外。不过上市是有成本的，如果要重新申报上市，这个问题始终都得面对。

赵树岷再三权衡之后还是下定决心彻底解决关联租赁的问题，将关联厂房纳入上市主体范围内整体上市，达鹏科技A股上市的申请材料再次递交到了证监会。

第十八章　前尘往事

重新启动上市后进展还算顺利，赵树岷心情也格外舒畅。星期五下午赵树岷处理完手头的事情，伸了伸手臂放松了一下筋骨，忙了一周终于可以好好过个周末。他关上门窗正准备离开办公室，突然桌上的手机振动不停，一看是舒影的电话。他正盘算着周末怎么放松一下，既然舒影这会儿来电话正好周末可以约一场球，接起电话就说道："你这电话来得可真巧，周末有没有安排？我准备约上几个朋友一起去打球……"

"出事了，赵总！"舒影急切地打断了赵树岷的话："有人举报到证监会说我们招股说明书上披露的公司产能数据有假，证监会要求保荐机构核查，举报的具体内容还在了解，我们北京部晚点才能发过来。董秘何总那边我已经电话通知了，明天安排参与产能统计的相关人员到公司开会，赵总，您明天如果没有其他重要安排的话，也来公司吧！"

举报？造假？赵树岷感觉五脏六腑都在往下坠，从脖子到后背都感到一阵寒意。产能数据怎么可能有假？生产设备都实实在在地摆在工厂，谁会去举报？是公司内部人还是竞争对手？举报的目的又是什么？一连串问题在赵树岷的脑海中接连浮现出来，不过，这一切都无法妄加猜测和推断，只能等舒影拿到具体的举报内容才能商量对策。

第二天，舒影按约定的时间来到达鹏科技的会议室，赵树岷、何平、陈安泰，还有生产总监袁工已经在会议室等着了。赵树岷见舒影进来，迫不及待地问道："到底是怎么回事？昨天接了你电话后我可是一晚上都没睡着。"

舒影没有立刻回答，只是把电脑包放到那张椭圆形的会议桌上，拉开拉链从包里平整地取出一份文件，贴着桌子的表面推到赵树岷面前："先看看这份文件有没有印象。"

赵树岷拿起那份文件，坐在他旁边的陈安泰也凑过身来，陈安泰一眼就认出了那份文件，说道："这是两年前给到客户中天展公司的投标文件的附件，是关于达鹏科技生产能力的证明文件。"

看到陈安泰的反应，舒影原本心存的那一丝希望也破灭了，看来这份文件并非伪造，舒影接着说道："这份文件是达鹏科技出具的，落款有公司的盖章，当然这是一份复印件。正是这份文件被递交到了证监会，上面所出具的达鹏科技两年前的产能数据与我们招股说明书的披露有差异。"

赵树岷"啪"的一声将手掌重重地拍在桌上，气愤地说道："我知道是谁在举报了！都是些陈年旧事又被挖出来，趁着我们上市这个关键时刻来这么一招实在是太阴了！”

事情要追溯到两年前，内地一家国有企业——中天展公司通过招标代理机构选择供应商，当时参与投标的最有实力的供应商就数达鹏科技和宙峰实业了。两家企业的实力可以说是不相上下，最终因达鹏科技在报价上比宙峰实业略低一点而拿下了这个单子。宙峰实业怀疑达鹏科技提前知道了他们的报价，但是又苦于没有证据，找到招标代理公司说是招投标流程不合规，结果吃了闭门羹。宙峰实业一直不甘心，最后索性投诉到中天展公司那里，随便找了一个理由说达鹏科技的生产规模不满足要求。当然，以达鹏科技的实力承接这单业务肯定是没有问题，但宙峰实业就是为了不让对手轻轻松松地拿下这个订单。中天展公司当时安排人员到达鹏科技生产现场做了实地考察，同时也要求达鹏科技出具了一份当年产能情况的证明文件，延迟了两个月才和达鹏科技签订合同，宙峰实业这才消停下来，没想到两年过去了，又将这些陈年往事翻了出来。

舒影将那份文件拿过来举在手上，说道：“这份文件上面的产能统计和我们招股说明书披露的数据确实是有差异的，虽然差异不大，但是直接关系到数据的真实性和准确性，必须把差异的原因搞清楚。这次我们披露出去的数据都是袁工提供的，袁工知道原因吗？”

生产总监袁工平时会配合上市工作提供公司生产情况方面的资料，但很少参与这样的会议。这次会议董事长和公司几位领导都在，因为涉及他提供的数据出了问题，不免有些紧张。袁工把那份文件拿过来看了又看，皱着眉头，语无伦次地说道：“我……

确实没有印象……这份文件。”

“当时中天展公司要求我们提供产能情况的时候，大家都心知肚明是宙峰实业在从中搞鬼，我们的生产规模怎么可能达不到供货的要求，这简直就是无理取闹嘛。这份文件无非也就是应付一下宙峰实业，大家当时也都没有太在意。”陈安泰回忆着当时的情况。

“既然是统计出来的数据，那肯定还是有依据的，总不能说是拍脑袋拍出来的。为什么这次提供给我们的数据同一个年度的产能会有差异？不管怎样，总得有个合理的解释，不然我们保荐机构很难发表意见！”舒影急切地想知道差异的原因，公开披露的文件可不是闹着玩的，一旦披露出去，就要承担相应的法律责任，如果数据真有问题，会直接影响到公司上市。

大家知道了这件事情的严重性，好一阵子都没有人说话，氛围显得异常沉重。过了一会儿，袁工终于打破了沉默：“其实数据有差异也不是没可能的……”袁工这句话让所有人的注意力都集中到他身上，大家屏住呼吸期待着袁工能够拨开这团迷雾。袁工见大家都齐刷刷地盯着自己，不免又紧张起来，他深深吸了一口气，说道：“我们公司的产品都是定制化生产的，细类的产品型号众多，定制生产在生产流程、工艺复杂程度、技术支持这些方面都有很大的差异，同一条生产线对不同型号产品的生产效率也是不一样的。就拿这次统计产能来说，我们选取了这几年产量最大的产品作为标准件来统计，如果这份文件当时统计的时候选取了其他型号的产品作为标准件或者是几类产品的加权平均值来计算，那么数据有出入也很正常。”

袁工的话倒是提醒了大家，赵树岷说道：“袁工说得没错，我们的产品都是批量定制的，不是标准化的产品，这只是统计口径的问题，解释清楚就行了。”

“这次的产能数据是如何统计出来的，袁工肯定很清楚。可是之前的数据呢？”舒影不依不饶地问道。

“之前的数据我是真不知道了……”袁工显得有些为难。

陈安泰叹了一口气把话接过来：“这份文件我以前是见过的，但是具体是怎么统计出来的我也不清楚，我记得当时财务部好像是小可在对接的，但小可去年已经离职回老家了。”

“那赶紧给小可打电话！”赵树岷催促道。

陈安泰把手机从桌上拿起来拨打小可的电话并摁下免提键，只听电话那头传来语音提示：“您拨打的号码是空号，请查证后再拨……”看来小可回老家后已经更换电话号码了。

舒影说道：“小可平时跟谁关系比较好？问问他们最近是否有联系。小可在财务部，不可能自己就能统计出产能数据，既然没有经过袁工，那当时肯定也是让生产部比较资深的人协助的，袁工问问生产部有没有人了解当时的情况。另外，刚才袁工提到换算标准件的问题，有没有可能以两年前的实际情况为基础，从当时给到中天展公司的产能数据倒推统计口径？”

“这个……比较难，不过我可以安排人试试看。”袁工犹豫了下说道。

当时给出的产能数据是精确到个位数的，现在要重新倒推出统计过程谈何容易，不过现在这个问题已经是火烧眉毛了，但凡有一丝希望也得去尝试。

小可在达鹏科技财务部工作了大概两年的时间，之前在其他公司也待过，去年回老家生孩子，休完产假后就辞职了。小可性格比较内向，平时和同事走得也不是特别近，离职后换了手机号就再没有和同事们联系过。那份文件本来就是宙峰实业胡搅蛮缠才搞出来的，当时达鹏科技已经撤回了上市申请材料，大家都没有意识到这份文件的重要性。袁工在生产部询问了所有人，大家都没有印象曾协助小可统计过公司产能数据，工厂人员每年都有流动，或许当时的知情人已经离开了公司，而现在小可成了唯一的线索。

“看来只能去一趟小可的老家了。”舒影说道。

赵树岷指示坐在旁边的何平：“人事行政部今天应该都在加班梳理薪酬体系，让任总马上安排冯晓婷查一下小可老家的具体地址。”何平起身向会议室的门口走去，刚要开门又被赵树岷给叫住了：“对了……找一个认识小可的人，这两天出一趟差，出发时间……”赵树岷随即将目光转向舒影。

舒影用手机查了一下机票信息，说道：“今天的票已经定不上了，明天一早出发吧。关于产能的核查情况最晚下周必须要报到证监会，如果连产能都迟迟核实不清楚，会怀疑数据真有问题，对上市就很不利了。”

达鹏科技安排了证券部的易秋桔一同前往，第二天一早舒影和秋桔在机场碰头，中午落地南昌机场后两人来到长途汽车站，正要去车站买票的时候被一名大学生模样的女孩叫住，女孩着急地问道：“姐姐，你们是要去哪儿？我赶着回家想找人拼车，看看能不能顺路？”

“你家在哪儿?”

“在上水镇。”

上水镇正是舒影她们要去的地方，此前在网上查过，如果坐长途巴士还需要转一趟车。舒影看了看那女孩：“你是上水镇人?”

“嗯，我家里有急事要赶回去，刚去看了一下车票，下一趟车还要等一个多小时，就想着包车回去，车已经找好了，师傅说包车贵拼车便宜，所以我想找人一起拼车。”

舒影打量了一下那名女孩，既然顺道不如结伴同行，正好也可以了解一下上水镇的情况。

“行，那我们一起吧!”

舒影和秋桔随着那女孩上了一辆小面包车。女孩叫张迪，在南昌上大学，车上大家闲聊着。

“这里到上水镇大概要多久?”

“如果顺利的话大概就两小时。”

“你是当地人，对小镇应该很熟悉吧?”

“那当然，我从小在上水镇长大，也就是这次上大学才去的南昌，我在上水镇都待了十几年了。”

舒影从包里掏出一张小字条，递到张迪面前问道：“这地方你知道吗?”

“长寿街 10 号……”张迪轻声念着字条上的地址，眼睛一亮，说道：“这儿我知道，就在镇北那头，你们是要去这里吗?”

“是的，等会儿下了车你给我们指指路，免得我们再去问路。”舒影把字条收好放回包里。

“没问题!”

过了一会儿，张迪问道："姐姐，你们是去上水镇走亲戚还是去玩？"

"我们去找个朋友，顺便……看看你们上水镇的风土人情。"

"我们上水镇可是个好地方，不远处就是长福沟，是很有名的风景区……"

大家就这样在车上一路聊着天，大概走了一小时的路程，只听"啪"的一声，车身一震，司机踩了个急刹车，三人身体往前猛倾了一下，好不容易才坐正。司机下车后，在右后车胎附近转了转，用手拨弄了一下轮胎，狠狠地踹了两脚，嘴里还不停地嘀咕着。

舒影等人也下了车："怎么回事？"

"今天太倒霉了，竟然还爆胎！"司机长得五大三粗，一脸横肉，穿着一件脏兮兮的皮夹克，实在令人有些反感。

"那赶紧把备用轮胎换上啊！我们都赶时间。"舒影催促道。

"别提了，中午出门前刚刚把备用轮胎给卸下来，谁知道下午就碰上这事儿。"那司机说着便点上了一支烟，深深吸进去一大口，烟身燃下去了大半，竟不见吐出烟圈来。

"那现在怎么办？"

"我现在就给我兄弟打电话，让他开车过来帮忙。"

"从哪儿过来？南昌？"

"不然呐？这前不着村后不着店的，还能有什么办法！"司机说起话来粗声大嗓，刚吸进去的烟这一会儿全都喷了出来，即使在三尺开外的距离，仍熏得难受。

司机拨通了电话，大声吼道："喂，兄弟……"

舒影在路边晃悠着，蹲一会儿又站起来走会儿，实在等得不耐烦了，说道：“就没有其他办法了吗？等下长途汽车过来直接拦下来。”

“长途汽车都是客满发车，最近交警管得严，都不让路上载人的。”张迪赶紧说道。

“这荒郊野岭的，连人影都看不到，哪来的交警？”舒影在心里嘀咕，早知道搭上这么一破车还不如坐长途巴士，不过后悔也没用了，现在除了等也没有其他的办法。

“今晚住哪儿呀？到了上水镇估计都很晚了。”秋桔噘着嘴说道。

“你们不是去朋友家吗？”张迪问。

“朋友家太小不方便，我们打算到了后找一家酒店住下。”舒影回复道。

“既然这样就住我家呗，我家是三层高的小楼房，前几年才盖起来的，有两间房空着，平时有客人来的时候也方便。”

“这……不太好吧。”

“有啥不好的，你们就别客气了，今天要不是我找你们拼车估计已经早到了，就让我尽一下地主之谊吧。”

舒影和秋桔也不再推托，便答应下来。

晚上到上水镇时天色已经暗下来了，司机把三人带到了张迪家，张迪热情地招呼着她俩。张迪家人不多，三层高的小楼房倒也宽敞，吃完晚饭后舒影和秋桔上楼休息，在路上折腾了一天也累得不行了。

第二天一早，舒影和秋桔按照张迪指的方向一路找到小可家，小可家的门窗关得严严实实，敲门也一直没有人回应。过了一会儿，有一个邻居大妈买菜回来，舒影上前打招呼："阿姨，我们是小可在深圳工作时候的朋友，请问小可是住在这里吗？"舒影指了指隔壁方向。

"哦，你们是小可的朋友啊，对啊，这里就是小可家。"

"好像没人在家，她是出远门了吗？"

"没有吧……我昨天还见她在家，没听说要出远门啊。"

"您有小可电话吗？要不您帮我打个电话问问她在哪儿，我手机没电了。"

"行行行，你们等一会儿啊，我进屋先把菜放下……你们要不进屋来坐一会儿？"

"不用了，我们就在外面等吧。"

过了一会儿，邻居大妈拿着手机出来，戴着老花眼镜拨动着手机按键："咦，怎么回事？手机关机了。"

"……可能是她手机没电了，我们在附近转转等等她。"

"行，那我先进屋了啊。"大妈正要把门带上，舒影突然想起了什么，问道："对了，阿姨，小可的孩子应该有一岁多了吧，是小可自己在带孩子吗？"

"是啊，小可在带，小孩子认生平时都不让我们抱的，非得要小可带呢。"

"阿姨，您先忙吧，谢谢啊！"

舒影和秋桔在小可家门口等了很久都没有人回来，秋桔丧气地说道："看来是白跑一趟了，我们现在怎么办？回深圳吗？"

"再等等看。"舒影低着头琢磨着，大老远地跑这么一趟总不能就这么回去吧，小可是解决问题的关键线索，也是目前唯一的线索，绝对不能轻易放弃。

过了几小时，一点动静都没有，舒影说道："走吧，我们去张迪家，拿上行李去车站。"

张迪见舒影和秋桔回来，忙问道："怎么样？找到地方了没？"

"找是找到了，不过没人在家。"秋桔抱怨道。

"那怎么办？你们还等吗？"张迪关切地问。

舒影犹豫了一下，说道："不等了，看来我们是来得太不巧了，估计他们全家都出远门了，也怪我们之前没有联系好，一会儿我们去车站，今天就去南昌了，谢谢你昨晚收留了我们。"

张迪赶紧说道："你们这么快就要走啊，要不在这儿多住住，我陪你们到处转转，我现在大四了学分都修满了，也不用老去学校。"

"不用了，我们也就是顺道过来一下，还有其他事情要处理，得回去了。"舒影说道。

"那我送你们去车站吧。"见舒影她们执意要走，张迪只好作罢。

"好！"舒影并没有拒绝张迪，一口答应下来。

上水镇并不大，三人走了十多分钟的样子就来到了车站，买好票后张迪把舒影和秋桔送到安检的地方后才挥手离去。

"真是白跑了一趟，又是爆胎又是吃闭门羹的，真够倒霉，看来回去得拜拜佛求转运了。"秋桔沉吟着。

过了一会儿，前往南昌的长途汽车开始陆陆续续上车了，舒影站在原地好像丝毫没有上车的意思，秋桔奇怪地问道："我们不上车吗?”

舒影扭头看着秋桔说道:“你说得对,这趟出来太倒霉了,总不能白跑吧,听张迪说旁边有个长福沟,我们去转转,说不定还真能转运呢。”

舒影没等秋桔回应就拉着她往售票大厅走去。

“这怎么行?何总是安排我来出差的,不是出来玩的,要是让他知道了没准我回去工作都没了……”秋桔一边小跑跟着舒影,一边焦急地说道,可舒影完全当没有听见。

买好票后,舒影拿着去长福沟的两张车票在秋桔面前晃了晃说:“反正我要去玩了,要回去你自个回去,我们俩一起出来的,你一个人回去,把我给弄丢了看你怎么交代。”秋桔拗不过舒影,只好跟着她上车。

“如果何总打电话来,我该怎么说啊?”在车上秋桔仍然惴惴不安。

“还能怎么说,照实说!我们遭遇各种磨难、克服种种困难终于找到了小可家,不过小可并不在家,于是我们就在周边寻访小可的踪迹……”

长福沟是当地政府开发出来的一个休闲景区,以农家别院休闲娱乐为主,别院很雅致,空气也很清新。由于不是周末,游人并不多,两人在附近转悠了一会儿,进了一家农家小院。舒影躺在小院的椅子上休息,将一顶翻边遮阳帽搭在脸上,秋桔在一旁忧心忡忡,但又不敢打扰舒影,时不时看看手机,担心何总的电话会突然打来,巴不得赶紧离开这里。

傍晚时分,天色渐渐暗了下来,舒影从椅子上坐起来,伸了一个懒腰说道："走，我们回去吧。"

"现在这个点，到南昌都半夜了，那里还能回深圳？"秋桔等了一天终于等到舒影开口说要离开了。

舒影看着秋桔一本正经地说道："我是说回上水镇，不是回深圳。"

两人回到上水镇的时候已经很晚了，在镇上找了一家看着还不错的酒店住下。

"你之前和小可的关系怎样？手机里有没有合影？"两人洗漱完后，舒影拉着秋桔聊天。舒影白天在长福沟睡太多了晚上也睡不着，秋桔一边打着哈欠一边强撑着说道："我和小可虽然在公司关系处得还不错，不过下班后很少一起活动，也没有什么合影。"

"你们公司和宙峰实业是竞争对手，两家公司之间经常互挖墙脚，你说这挖来挖去的，表面上两家公司拼个你死我活、水火不容，可是员工私下之间关系应该还是不错的，这里面少不了私下八卦两家公司的事儿。"

"业内就这两家公司做得最大，跳槽肯定也是优先选择对方公司，所以不管两家公司之间怎么个斗法，和我们也没有太大关系。"

"对了，你们公司有没有谁和宙峰实业的人走得比较近的？"

"这个……我不太清楚。"秋桔躺在床上望着天花板，她尽力回想着，同事们的面孔在她脑海中一一浮现出来："人事部有个女孩在外面租房子，好像和她合租的是宙峰实业的员工，我也是在办公室的时候偶然听她们聊天提到的。"

听了秋桔的话，舒影叹了口气说道："看来啊，你们和宙峰实业的关系真是剪不断理还乱……好了，睡觉吧，明天我们还得早起。"

"明天我们怎么安排？"

"守株待兔！"说完，舒影便把灯闸给关了。

第二天天一亮舒影和秋桔便来到小可家附近的巷口，找了个小面馆一人吃了一碗小面，小镇的早餐很实惠，味道也不错，性价比超高。镇上人们起得都很早，一大早小面馆里已经坐满了人。舒影和秋桔吃完早餐后在巷口闲逛了一下，进了一家小茶馆，在小茶馆靠窗的位置找了一张桌子坐下。这个位置可是舒影精心挑选的，这个巷口是通往小可家唯一的入口，而这家小茶馆刚好就在入口的正对面。

"小可今天真的会回家吗？"秋桔问道。

"希望吧！"此刻的舒影与前一天判若两人，眼睛死死地盯着巷口的方向。

"你都没见过小可，即使她站在你面前也不认识，还是我来盯吧！"

"你怎么知道我不认识。"舒影点开手机图片，把一张小可的证件照片递到秋桔面前。

秋桔诧异地问道："这照片哪儿来的？"

舒影笑了笑："自然是你领导发给我的。"

两人就这样死死盯着巷口，在茶馆守了整整一天，不过始终没有见到小可的人影。舒影反复琢磨着，她的推测不应该有误，逻辑上也没有问题，但是确实不能再这样耗下去了，如果不能在星期五将核查材料报到证监会的话，一切都来不及了。想到这里，舒影对秋桔说："你马上给张迪发一条短信，就说我们已经平安到达深圳，非常感谢她的盛情款待，欢迎她来深圳玩。"

秋桔云里雾里，不明白舒影为什么让她给张迪发这样的信息。不过，她还是照舒影说的把短信发了出去，张迪立即回复了秋桔的短信。

"明天我们还继续在这儿等吗？"秋桔问道。

舒影坚定地说道："等！"

一大早，舒影和秋桔仍然来到那家小茶馆，在同样的位置坐下，要了一壶茶后，死死盯着巷口。店老板走过来，顺着她俩注视的方向望去，百思不得其解，忍不住问道："你们这……到底是在看什么呀？"

"看风景。"舒影头也没回地回答道。

"风景？这里哪有什么风景？"

舒影这才转过身来，问道："老板，你开这茶馆的意义何在？"

店老板被舒影这么一问，愣了一下，说道："小本生意，不就是挣点零花钱嘛。"

"品茶，浓茶淡水，细斟慢酌，品的是人生五味；看景，浓涩人生，流水岁月，看的是心明神清。"舒影冷不丁地抛出这番话来，店老板实在是接不下去，翻了翻白眼离开了。

快到中午的时候，有一位年轻妈妈抱着一个小孩风尘仆仆地出现在巷口，旁边的应该是她母亲，拎着两个行李袋。舒影拍了拍坐在一旁的秋桔："是她吧？"

秋桔定睛一看，激动地说道："没错，那就是小可！"

两人走上前去打招呼，小可惊讶地张大嘴巴看着她俩，愣了半天没缓过神来。

进屋后，小可的母亲抱着小孩到里屋去了，小可在客厅招呼舒影和秋桔。舒影把名片递给小可，说道：“天通证券是达鹏科技上市的保荐机构，关于两年前达鹏科技提供给中天展公司的产能数据，需要和你核实一下当时的统计口径。”

小可迟疑了一下，说道：“我已经离职了。这都是两年前的事情了，记不太清楚了。”

孩子突然啼哭起来，小可忙着进屋哄孩子。舒影四处张望，打量着小可家的情况，老房子装修布置都比较简单、朴素，摆放的东西也很老式，看来小可老家的家境并不太好，如果不是为了照顾孩子，她应该不会放弃深圳的工作机会。过了一会儿，小可把孩子哄睡着了，从里屋出来说道：“不好意思，让你们久等了。”

舒影问道：“你在家里带孩子，那孩子父亲呢？”

“他在广州打工，贴补家用，一家人都靠着他养活。”

“你没想过再回深圳去上班吗？”

小可无奈地说道：“我现在哪里走得开啊！我母亲身体不是很好不能带小孩，请人费用又高还担心带不好，只能自己带。”

舒影说道：“来之前，我还和陈总聊起你，陈总对你的评价很高。如果不是因为你要回老家带孩子不好挽留，他说什么都不会让你离开的。我们这次过来，陈总还特意嘱托向你问好，如果孩子大些了或者你不想待在老家，随时欢迎你回深圳找他，能帮的他肯定会帮你。虽然你已经不在达鹏科技了，但陈总和老同事们还是很惦记你的，也很关心你……”

小可沉默不语，但舒影的话显然是听进去了，毕竟在深圳工作的那几年是她最怀念的。

“对了，秋桔你和小可应该也好久没见面了吧，你们先聊着，我出去打个电话。”

过了一会儿，舒影回来后把电话递给小可，说道：“陈总的电话，给……”

小可接过电话，心里的最后一道防线渐渐被突破了。小可的学历并不高，在深圳找工作的时候很不容易，当初是陈安泰把她招进达鹏科技财务部的，也算得上有知遇之恩。

挂了电话后，小可进屋拿了一个U盘出来，递给舒影，说道：“这里面是一些备份文件，有你们要的资料，当时的产能数据是我和生产部徐工一起统计的，他现在应该也不在达鹏科技了，不过当时数据的统计过程都在这里面。”

舒影接过U盘：“谢谢你，小可！”

“姐，你回来啦？”这时，张迪冒冒失失地闯进屋子，刚好与舒影、秋桔撞了个正着，张迪的脸唰地一下通红，尴尬地说道：“你们……你们也在啊。”

舒影笑了笑：“是啊，我们来找你姐。”

原来小可是张迪的表姐，宙峰实业打听到达鹏科技会到小可老家找她要之前产能统计的底稿数据，便安排南昌分公司的人赶在舒影和秋桔的前面抵达上水镇，给了小可一笔钱，让她到亲戚家暂住几日。那天带舒影她们来上水镇的面包车司机也是宙峰实业特意安排的。

离开小可家后，秋桔兴奋地说道：“这趟出差太刺激了，你是从什么时候开始怀疑张迪的？”

“也许是在路上爆胎的时候，也许是在得知小可临时出远门的时候……直觉告诉我，所有的事情不可能都这么巧，而张迪的出现显然是关键的一环。”

“所以，你故意让张迪送我们去车站，让她以为我们已经离开了？”秋桔来了兴致，继续问道。

舒影看了看秋桔，笑道：“长福沟的风景确实不错，可惜啊，你无福消受……”

“那都怪你不早告诉我……”

两人到了南昌之后分道扬镳，秋桔回深圳，舒影飞北京，舒影必须赶在星期五之前将核查材料递交到证监会。

在机场，舒影拖着行李箱，匆匆忙忙地边走边打着电话。

“赵总，我现在在南昌的昌北机场，今晚去北京，关于达鹏科技产能的核查情况我明天会到证监会去沟通……”

“陈总，小可已经把资料给我们了，她最终还是放弃了宙峰实业抛出的诱惑。不过……她的家境确实很一般，全家都靠着她老公一人在外打工挣钱，小孩子体弱多病，三天两头跑医院……不管怎样，她这次也算是帮了我们一个大忙，公司方面是否需要感谢一下，你们考虑考虑……”

“何总……对，事情已经解决了，秋桔今晚就可以回深圳……对了，你们公司和宙峰实业的关系比较复杂，员工之间可能会经常私下碰面，现在是上市审核的关键时期，与上市有关的一切事情都尽量控制一下知晓范围，避免造成不必要的麻烦……”

第十九章 财务检查风暴

关于产能问题的核查情况递交到证监会后没多久，达鹏科技遇到了有史以来最严格的财务核查风暴，在这场关于 IPO 首发公司财务会计信息的专项检查中，一些申请上市的公司被核查出存在虚构交易、体外资金循环的行为，也有不少公司知难而退提交了终止上市申请。

林霏在办公室里正翻看着秋桔刚刚拿过来的赵树岷的银行资金流水，越看越觉得不对劲，说道："赵总的银行流水基本上每个月的月初都会固定转几万元到陶雪的个人账户，达鹏科技前五大客户中有家云来公司，从工商资料来看，云来公司有个股东也叫陶雪。"

舒影心里一怔，将资料拿过来仔细看了一下，确实如林霏所说的那样，舒影问道："这家云来公司我们在走访的时候有没有核查过这个问题?"

“走访的时候我们还没有拿到赵总的银行流水资料，所以相关情况当时并没有询问……会不会……”

林霏的欲言又止更让人紧张了，公司实控人每月固定时间、固定金额给个人账户转账，本就很异常，而且这人有可能还是客户的股东，更让人联想到有虚假交易、资金体外循环等，如果真是那样，不仅项目无法再继续推进，就连项目的保荐机构也脱不了干系，想到这里舒影不禁打了个寒战。

舒影来到赵树岷的办公室，赵树岷招呼她坐下，一边泡茶一边说道：“这次财务核查大概什么时候可以去北京报送材料？在会里审核已经有一段时间了，盼着能赶紧上市啊！”

“没那么快，报材料之前有些问题还需要核实清楚。”

“哦？还有什么问题不清楚的？”

舒影将手里的资料递给赵树岷，说道：“赵总，陶雪是什么人？为什么每个月都会固定转一笔钱到她的账户？”

赵树岷接过资料看了看，眉头紧锁，这时烧开水的壶已“噗噗”作响，开水使劲地往外冒，舒影坐得离烧水壶比较远，正要起身去关开关，赵树岷忽然缓过神来抢在舒影的前面关闭了电源，接触这么久下来还从来没有见赵树岷如此失态过。

赵树岷拿起水壶一边继续泡茶一边说道：“这些都是我的私事，和这次财务核查没有关系。”

“可是达鹏科技的客户云来公司有个股东也叫陶雪……”

听到这话，赵树岷正端着茶杯的手突然停留在半空，诧异地看着舒影。

舒影语重心长地说道：“赵总，我是公司上市的保代，得对核查情况负责，实际情况一定要告诉我，才好决断处理。”

赵树岷犹豫了好一会儿，说道：“我并不知道云来公司的股东也有叫陶雪的，我保证这些银行转账与公司层面没有一丁点儿的关系。”

赵树岷越不说，越让人怀疑，如果赵树岷每月往客户股东账户里打钱，问题可就大了，现在正处在上市的节骨眼上，这个问题不核实清楚项目是不可能往前推进的。

回到办公室后，投行和律师商量着这事儿。舒影问道：“钟律师，云来公司股东的情况律师方面有没有办法核查？”

“这个比较难，除非委托人与云来公司存在诉讼纠纷或其他事由，我们凭委托合同和律师证才能去调档查询。”

舒影感叹道：“我们目前的核查手段确实有限，虽然可以查证达鹏科技的全套工商信息和实控人的现金流水，但达鹏科技客户和供应商的资料需要对方配合才能获取。”

“是啊，客户和供应商提供的也是很基本的一些信息，我们根本就没法去核查客户股东的现金流水。”林霏说道。

舒影沉默了一会儿，说道：“看来我们得好好查一下这几年达鹏科技与云来公司所有的交易往来了，需要再安排去走访下云来公司，多方面打听一下陶雪的情况，特别要注意达鹏科技与云来公司是否有其他的关联迹象。走访的时候顺便去云来公司的厂区转转，不仅仅是云来公司的管理层，采购部门和公司的一般员工也是走访的重点对象，尽可能获取充分的信息。另外，钟律师在工商网站上查一下陶雪这个名字的个人资料，包括对外投资情况……”

关于与陶雪之间的资金往来，赵树岷始终闪烁其词，不肯说明缘由。安排完相关工作后，舒影来到赵树岷的办公室，试图再做做他的工作。

“赵总，现在可是上市的关键节点，这些年来大家不知道熬了多少个通宵，尽心尽力就是为了上市这个目标，作为公司的大股东和实控人更应该配合我们的工作啊！”

赵树岷斜靠在座椅的扶手上，左手不停地按压两眼之间的睛明穴，低着头说道：“这些我都知道，但是和陶雪的资金往来是我的私人账户，我可以保证与公司经营并没有关系。”

“这次证监会财务核查的力度很大。如果这个问题没有核查清楚，那么我们没法发表意见。当然我们没有权限去核查你们客户的流水，但是监管机构是可以的。如果这个问题不说清楚，监管机构现场检查的时候一样会水落石出，既然没有我们所担心的问题，请告知真相，这样也好尽快出具核查文件。”

赵树岷沉默了半晌，说道：“这样吧，我出一份声明，承诺陶雪的事情和公司经营完全没有关系，由我来兜底。怎么样？”

舒影无奈地说道：“上市过程中并不是任何问题都可以由实控人兜底来解决的。您再认真考虑一下，为了公司，为了这么多年跟着您苦心经营的兄弟们，也为了您自己。”

舒影离开后，赵树岷坐立不安，索性在办公室里踱了几圈，步履和心情都愈加沉重，思虑再三后拿起桌上的手机拨打电话，可对方却无人接听……

第二天下午，各方中介机构在会议室集中，钟律师把刚打印出的资料递给舒影：“舒总，这是工商网站上以及网络上的一些信息，赵总转账交易对方账户的陶雪是否就是云来公司的陶雪，单凭目前的资料我们还没法确认。”

“我把达鹏科技和云来公司这些年的交易合同、出库单、发票、银行流水又仔细核查了一遍，并没有发现异常，不过……如果公司真的存在虚假交易、资金体外循环的话，整套材料也会做充分，当然，也不会让我们轻易发现。”林霏补充道。

舒影一边听着一边琢磨着，问道：“云来公司那边走访情况怎么样了？”

“陶雪是云来公司的小股东，持股比例不多，这些年来并没有参与公司的经营，一般员工对她了解很少，有些员工甚至都不知道她。听云来公司的高管说，陶雪是山东人，前几年已经离开深圳了，好像在经营一家贸易公司，除此之外，没有其他更多的线索。”

“有没有办法联系上她？”

“我们试图要过她的联系方式，云来公司认为访谈记录中已经明确了他们和达鹏科技之间不存在关联关系和利益输送的情况，让我们不要再去打扰他们的股东了。”

这时何平刚好敲门进来：“舒总，我们这次财务核查的材料大概什么时候可以往北京报送？”

舒影长叹了一口气：“何总，这个问题我建议去问问赵总，我们也很想知道。”

何平耷拉着脑袋，说道：“我也问过赵总好几次了，他什么都不肯说，这事儿也是因为你们财务核查才知道的。申报证监会的材料上面我也签字了，我也担心那啥……我来达鹏科技就是冲着上市来的，唉……我这已经好几天没睡好觉了。”

晚上舒影回到家，心里琢磨着陶雪的事情，赵总一直转钱给这个女人又不肯说明原因，除了业务关系外还有一种可能就是男女关系，大家心里都想到有这种可能性了，可是却没有确凿的证据。

舒影在网上随意地搜索着与陶雪相关的信息，叫这个名字的人实在太多了，在百度上翻了几十页也没有找到有迹可循的内容，难为钟律师查了这么久也一无所获。舒影突然想到，如果是搜索英文名呢，陶雪的英文名一般会是 Shirley Tao 或者 Shirlee，也有可能是 Cher，于是便挨个在网上试着搜索。

网页上有一篇几年前记者对香港美雅贸易集团产品经理 Shirley Tao 的采访，配有当时采访的一些图片，这个 Shirley Tao 网上的照片舒影看着实在有些眼熟，但死活又想不起来在哪儿见过。

第二天，舒影在达鹏科技公司的走道上碰到任逢，忽然想起很久以前整理达鹏科技成立之初材料时在任逢那儿看到过一张老照片，便问道：“任总，公司最开始设立时候的旧档案资料还在吗？我再看看。”

“还在，都是十几年前的资料了，中途公司搬过几次家，如果不是我当时留了一个心眼保存起来，这些资料早没了。”舒影随着任逢进了他的办公室，任逢在底层抽屉里倒腾了一会儿，好不容易才翻出个牛皮纸的文件袋，任逢把纸袋打开拿出一叠参差不齐的资料摆放在桌上，说道：“就这些了，这还是当时在赵总办公室收拾出来的，放他那儿早不知道哪儿去了，我就说干脆我来保管着，没准以后还能用得上，你看看有没有需要的资料。”

舒影一页一页地翻看着资料，基本是公司最开始设立时候的工商文件，还有一些当时的投资协议，上次偶然看到的那张老照片确实还夹在里面。黑白照片的边角有些泛黄，看上去已经有些年头了，背景应该是在学校的篮球场上。当年的赵树岷还是翩翩少年，手里捧着一个篮球，旁边站着的另一位少年竟有几分像宙峰实业董事长罗劲帆年轻时候的模样，身穿球衣，看上去很精神。两人的中间还站着一位女生，舒影仔细看了看，确实很像昨晚网上查到的 Shirley Tao 年轻时候的模样。

舒影指着照片上的女生问道：“任总，这女生是谁？还挺漂亮的。”任逢把照片拿过来仔细看了一下：“不认识，估计是赵总的同学吧，确实……很漂亮，你眼神挺好，不过这么多年过去了，也不知她现在是否还风采依旧。”

“这照片能先放我这儿吗？我见到赵总给他的时候正好问问，要是能问出啥赵总当年的八卦来我第一时间告诉您。怎么样？”

任逢笑了：“好！好！有八卦一定记得告诉我！”

舒影拿到照片后回到办公室，和网页上的照片再仔细对比了一番，陶雪、Shirley Tao，基本能确定就是同一个人。陶雪和赵树岷是什么关系？和云来公司是否又有牵连？赵树岷和罗劲帆曾经是同学？一连串的问题在舒影的脑子里浮现出来，看来要把事情弄清楚只能去一趟香港了。

第二天一大早舒影便去了香港，找到美雅贸易集团的前台：“你好！我找一下美雅贸易的产品经理 Shirley Tao。”

“我们这里没有叫 Shirley Tao 的产品经理，请问有预约吗？”

舒影从包里拿出 Shirley Tao 接受记者采访时的图片，说道："我是从深圳来的，受一家公司的委托，有些问题需要与她当面沟通一下，这是前几年关于 Shirley Tao 的一篇采访。"

"哦……她现在是我们公司的培训讲师，请稍等。"

舒影被引到 Shirley Tao 的办公室，眼前的女子衣品考究、打扮得体，虽然不像老照片上学生时代那样年轻，但经过岁月的沉淀，更散发出优雅、知性的气质。

"陶女士，您好！我是天通证券的舒影，天通证券是深圳达鹏科技 IPO 的保荐机构。"

陶雪接过舒影递过来的名片看了看，问道："是赵树岷让你来找我的？"

舒影摇了摇头："不是的，赵总并不知道我来找您。"

"那？"

"我们作为达鹏科技上市的保荐机构，在财务核查的时候关注到赵总每月定期会往陶雪的账户转账，我们并不能排除陶雪这个账户和达鹏科技的客户或供应商是否有关联，所以冒昧前来找您核实一下相关情况。"

听到舒影的来意，陶雪犹豫了一下说道："赵树岷是怎么说的？"

"赵总什么都没说，但这件事情如果不核查清楚，可能会直接影响到达鹏科技上市。"

陶雪沉默了一会儿，说："我们换一个地方吧。"

两人来到公司楼下的咖啡厅，找了一处安静的位置坐下，陶雪把菜单递给舒影说道："卡布奇诺。你呢？"

舒影接过来并没有翻开，转手递给站在一旁的服务员：“两杯卡布奇诺，谢谢!”

“赵树岷既然什么都没说，那你又是怎么找到我的?”陶雪问道。

“因为一张照片。”舒影从包里拿出一本书，从里面翻出那张老照片，照片上所留存的记忆对当事人来讲都是弥足珍贵的，舒影小心翼翼地保管着。

陶雪接过照片，对着那张老照片看了好一会儿，感慨道：“时间过得可真快啊，一晃已经二十多年了。”

“您和赵总，还有……罗总，当年都是同学?”

陶雪把照片放回桌上，目光依依不舍地从照片上移开，说道：“没错，我们是高中同学，后来上大学也在同一所学校，学生时代我们三个人玩得比较好，树岷和劲帆是校篮球队的，我有时也会去看他们打篮球，这张照片就是在一次校篮球赛结束后拍的。在学校的时候我和树岷互有好感，但彼此始终都没有跨出那一步。毕业没多久我和劲帆就结婚了，也有了孩子。”

陶雪端起桌上的咖啡喝了一口，尽量平复了一下自己的心情，接着说道：“我的婚姻生活并不幸福，很难说是他变了还是我太固执了，我们的很多观念不一致，对很多问题的看法也产生了分歧，而且双方都不肯让步。劲帆是事业心特别强的人，那个时候他和树岷一起开公司，树岷有时候看不过去会插手我俩的事情，反而让劲帆误会我和树岷，关系更加恶化，再后来我和劲帆离婚了，带着孩子来到香港，而树岷和劲帆合伙的公司也散伙了，他们各自也有了自己的事业。”

听到这里舒影一怔，没想到达鹏科技与宙峰实业这两家公司的创始人竟有如此深的渊源。舒影在心里暗自琢磨，所谓的经营理念不和说到底原来还是因为女人，他们三人的关系真够复杂的。

“当时您离开深圳来到香港，就是为了离开伤心地，重新开始?”

“只是一方面吧，那个时候孩子就是我的一切，也是为了能够给孩子更好的教育。”

“您来到香港后和他们还联系吗?”

“离婚后，我和劲帆很少联系，因为他一直误会我和树岷，所以他们两人之间一直都有心结。前几年我把孩子送去英国上学，学费比较高，我当时实在没有办法便跟树岷借了一笔钱来周转，那件事情之后他知道了我的银行账号，这几年一直在往我的账户里打钱，说是给孩子的生活费，希望我们能过得好一些。我跟他提过好几次让他不要再打钱了，我也不想因为我的关系破坏到他的婚姻生活，可是他一直不听。”

“赵总也是一个有情有义的人，那您和赵总在公司业务上，包括达鹏科技的客户和供应商之间有没有往来？您是否有投资过公司?”

“没有。我来香港之后曾经换过两份工作，在美雅贸易集团已经好几年了，很少回内地，也没有投资过任何公司。”

舒影从包里拿出一个笔记本，上面记着一串数字，说道：“不介意的话，我可以看看您尾号为4408的银行卡吗?”

陶雪从随身携带的钱包里拿出那张银行卡，舒影把银行卡号和笔记本上记录的数字迅速核对了一下，将卡还给了陶雪。

“谢谢您，大概情况我已经了解了。这次回去您有什么话需要我带给赵总吗?”

陶雪沉默了一会儿，看着桌上的那张照片，轻声说道：“人生若只如初见。”

舒影坐在回程的港铁上，把夹在书中的老照片又翻了出来，望着窗外那瞬间即逝的景色，自言自语道：“初见时的美好，结局却出乎想象。”

人生总会有些逝去的美好，无法挽留，唯有遗憾。

回到深圳后，舒影来到赵树岷的办公室，把那张老照片小心翼翼地放到他的桌上，赵树岷看到那张照片后，起身拿起照片，诧异地看着舒影：“这照片你是在哪里找到的?”

舒影笑了笑：“是在一堆公司的旧资料里翻出来的，照片上赵总年轻帅气，女生青春靓丽，我……去了一趟香港。”

赵树岷听得目瞪口呆：“你见到她了?”

“见到了，陶姐人很和善，可能是看到这张照片后比较触动吧，跟我分享了一些往事。”

“我去香港出差的时候找过她几次，她都找各种理由避而不见。她现在过得好吗?”

“至少……看上去还不错。”

“她有说什么吗?”赵树岷追问道。

“有!”舒影停顿了一下，看着赵树岷那急切的表情，接着说道：“人生若只如初见。”

赵树岷缓缓地坐回了靠椅上，除了沉默还是沉默……

财务核查的材料很快报到了证监会，可银行流水核查引发的风波却远没有结束。过了没几天，赵树岷的太太气冲冲地来到公司。赵太太平时从不插手公司的事情，也很少出现在公司，公司的员工大多不认识她。赵太太冲进赵树岷的办公室，当时舒影正在和赵树岷商量后续去北京的安排。舒影在一次饭局上与赵太太曾见过一面，所以一眼便认了出来。赵太太的突然出现打断了他们的谈话，让大家都显得十分尴尬。舒影已经嗅到了空气中弥漫着的浓浓火药味，赶紧跟赵树岷示意了一下，随便找了一个理由先出去了，刚走出去把门带上就隐隐约约听到屋里开始争执不休。董事长办公室外的员工都在交头接耳、议论纷纷。

第二天一早，赵树岷来到中介机构工作的会议室，看上去气色很差，估计昨天晚上并没有怎么休息。他垂头丧气地坐在椅子上，声音压得很低地问道："离婚对公司上市会不会有影响？"

听了赵树岷的话，众人都直冒冷汗，没想到事情会这般严重。虽然大家不好追问原因，但心里都在猜测肯定和财务核查时候查出的与陶雪之间的资金往来有关。

"如果是小股东的话还好，可是您是大股东，双方财产分割出现纠纷，很有可能会影响到公司股权的稳定性，甚至公司实控人的认定。"舒影说道。

赵律师补充道："离婚分为协议离婚和诉讼离婚。股份公司的股份转让与有限公司不同，不存在内部股东的优先购买权。作为夫妻共同财产的股票，如果双方没有协商一致，那么一般平均分配。按赵总您目前的持股比例来看，走司法程序平均分割的话会直接影响到您的控股地位，换句话说，将导致公司不满足上市条件。”

舒影上网查询了一下相关信息，接着说道：“此前有上市公司的案例，上市公司第三大股东与妻子办理离婚，将持有公司股票的一半无偿转让给对方，经过股票分割后夫妻双方并列为公司的第三大股东……还有，去年有一家上市公司的副总裁与妻子离婚，分手费高达二十亿元……”舒影将目光从电脑屏幕转向赵树岷，语重心长地说道：“赵总，您可要三思啊！上市路不易，且行且珍惜……”

“走司法程序的话，对赵总是很不利的。如果对方没有过错的话，而且……赵总个人的银行转账记录肯定会被对方抓着不放……”赵律师提醒道。

“如果真的到了非离不可的地步，有没有可能协议离婚，尽量不涉及股权分割，用其他财产或者是上市后现金补偿？”舒影建议道。

“很难，以目前僵持的状态来看，根本没法通过协议的方式来解决。”赵树岷摇了摇头无奈地说道。

眼看财务核查结束，大家都要开始准备上会材料了，又闹了这么一出，如果赵太太真的下定决心要鱼死网破的话，上市很可能会功亏一篑。

会后赵树岷回到办公室，舒影也紧跟着进来：“到底是怎么回事，因为陶雪？”

赵树岷点了点头。

“究竟是谁把这事儿给传出去的？”

“这已经不重要了，我太太虽然平时不怎么来公司，但私下和公司好多员工有来往。天下没有不透风的墙，她知道也是迟早的事情。”

“她以前就知道陶雪?”

“不仅知道，而且是这些年来我和她之间的一根刺，她一直误会我和陶雪，说我忘不掉她。不过自从陶雪去香港后我们并没有见面，现在我太太知道我每个月给陶雪寄钱，真的是说不清了。”

“还是好好跟她聊聊吧，如果真的搞得公司上不了市，她也什么都得不到。如果她是一个足够聪明的女人，应该会理智地跟你谈判的。”

赵树岷和他太太的谈判并不顺利。没过多久，赵太太向法院提起离婚诉讼申请，民事庭已受理案件，向赵树岷发出了传票。同时，赵太太在离婚立案时还向法院提交了讼诉保全申请书，要求冻结赵树岷持有达鹏科技的股份。一时，赵树岷的婚姻状况已不再是他个人的问题，而是演变成了大家关注的焦点，包括公司的员工、投资机构、上市中介、客户和供应商等，甚至成为了社会舆论的话题和人们茶余饭后的谈资。

婚姻很重要，对事业有成的男人来说，更为重要。婚姻关系一旦破裂，代价将是相当昂贵的。

第二十章　控制权

赵树岷踏着松软的地毯走上讲台，台下是一片黑压压的人影，他努力去辨识，但由于灯光太昏暗，无法看清每个人的脸，不过他认定台下坐着的是公司的高管和员工们，还有投资机构的代表。赵树岷将麦克风调整到适合的位置，正准备向大家问好，麦克风突然发出一阵令人难受的刺耳响声。等恢复平静后，赵树岷凑到麦克风前讲话却发不出任何的声音。赵树岷感觉心脏在剧烈跳动，突然手机铃声大作，声音越来越大，仿佛使得他的整个脑袋都要炸开了，情急之下脚步猛地一踏空，他浑身颤抖了一下，惊醒了过来。

赵树岷坐在床沿上，回过手将枕头旁边的闹钟摁下，液晶屏上显示的时间是 5:59，创业这些年来他一直坚持这个点起床，即使熬夜加班也从未改变过。赵树岷感觉浑身乏力，汗水早已将衣服湿透，已经很多年没有如此这般从梦魇中惊醒了。他闭上双眼让自己慢慢平静下来。

赵树岷穿好衣服走出卧室，轻轻地推开隔壁的房门，蹑手蹑脚地走到小女儿的床前。小女儿正趴在被子上面酣睡，赵树岷轻轻揪了一下压在女儿身下的被子，没有揪动，便用力将被子往外一拽，女儿顺势翻了个身，继续酣睡，赵树岷将被子往女儿身上盖好。月光透过百叶窗的缝隙洒在女儿的脸蛋上，赵树岷就这样静静地站在床前注视着女儿。

赵树岷站了好一会儿，正准备离开，目光被一张放在床头的照片吸引住了，那是几年前一家四口在公园玩耍嬉戏时所拍摄的，画面十分温馨美好，看着照片，赵树岷的嘴角不禁露出一丝久违的笑意。

赵树岷有两个女儿，大女儿在国外上高中并不在身边，小女儿已上小学，在他的记忆中陪伴女儿的日子屈指可数。为了事业，他错过了孩子的成长，没能给孩子们创造温馨的童年，而如今甚至连一个完整的家都无法给到。想到这里，强烈的愧疚感不禁涌上他的心头。

赵树岷来到公司，公司参与上市的几名高管和中介机构在会议室召开紧急会议，会议的主题当然就是赵树岷的股权问题。

“离婚已经闹上了法庭，赵总持有达鹏科技的股份也被司法冻结，现在唯一的解决办法只能是庭外和解，现金补偿。”钟律师说道。

“不切割股份，现金补偿的方案我也提了，可是她要上市后公司市值的一半作为补偿。”赵树岷深深地吸了一口烟，尽量平复自己的情绪。

“从目前的股票发行来看，公司发行时候的市值和二级市场的市值差异会很大。”舒影说道。

“刚开始谈的时候她是要按二级市场估值来计算，后来她让步说可以按发行时候的估值，不过有个条件，就是公司上市的时候一次性付清。”

“一次性付清？不可能！您是公司的实控人，上市后股份是要锁定三年的，即使三年锁定期满后，作为公司的董事长和总经理，所持有的股份每年转让有比例限制，不可能一上市就变现给她。”舒影解释道。

赵树岷抖了抖烟灰：“她说上市后我的股份可以做股权质押。”

一听到股权质押，舒影彻底明白赵太太在盘算什么了，看来赵太太这次是铁了心要将赵树岷逼入绝境。

舒影叹了一口气说道：“您太太应该有找过专业人士咨询，是做足了功课，有备而来的。按照她提出的要求，上市后您的股份质押出去，也就差不多够支付对她的现金补偿，而您不仅要为这段失败的婚姻支付一笔天价的分手费，还要负担股权质押产生的额外利息支出，并且，您持有的股份并不能及时变现来缓解资金压力。”

“也就是说，公司上市最大的受益人将是……赵总的夫人？不，是前妻。”任逢实在忍不住了。

“可以这么理解！”舒影回答道。

整个会议室的空气像是突然凝固了一般，十几年的创业历程、好几年的上市之路，过五关斩六将，眼看就要功德圆满，却活生生地在替“她人”做嫁衣。

过了好一会儿，舒影终于打破了沉默：“从这件事情有了端倪到现在也就一周多的时间，赵太太并没有留太多私下协商的余地就开始走司法流程，申请股份冻结，还主动提出了和解方案，看来这件事情的背后有专业的团队在帮她运作。目前主动权掌握在她手里，感情破裂，如此大的利益诱惑摆在她面前，她很难放弃或让步。赵总，当下您绝对不能和赵太太撕破脸，关系一旦再继续恶化，就很难有挽回的余地了……”

赵树岷点了点头，上市走到这一步，他所背负的又何止他个人的得失，还有跟着他一起打拼的这帮兄弟，利害得失面前还得以大局为重。

舒影离开达鹏科技后，开车接上小玥往约好的吃饭地儿驶去。

舒影一边开车一边和小玥闲聊：“这次去巴厘岛怎么样？玩得还开心吧？”

“还不错！男人靠不住，还是自己的朋友靠谱！”

“怎么？因为肖劲平临时去不了还在抱怨？”

“为了这次的旅行我计划了很久，可临到头他却说什么财务大检查要出差抽不出时间来，你说气不气人。我预订的可是最抢手的海景套房，好不容易才在网上抢到的，不去太可惜了，我只好找了我们部门和我玩得好的同事一起去。”

“真羡慕！也不叫上我！”

“得了！你哪有时间，你们做投行的一个比一个忙！不过我给你带礼物了。”小玥将一串精致的贝壳吊链递到舒影面前。

“这链子上挂的是什么？”

“许愿瓶。把你的愿望装进去就能实现！”

“真的假的？”舒影接过那串吊链，眼光中充满了怀疑。

“你就不能童真些吗？凡事信则灵。”

舒影赶紧说道：“好、好！我信！”

“对了，跟你说一件事……”

“什么？”

“顾函回国了。”

这时舒影突然一个急刹车，两人身子猛地往前倾，小玥吓得冒了一身冷汗：“你怎么突然刹车？”

“红灯！”

小玥抬起头往前看，前方确实是一个十字路口，不过此刻车子离红灯的距离起码还有三十米。

舒影慢慢松开刹车，车子缓缓地向前行进，直到十字路口的人行道前停下。小玥当然知道刚刚是因为她提起顾函才让舒影分心。她侧过头来看了一下，见舒影直直地望着马路正前方，沉默不语。

“想见他吗？”

过了一会儿，舒影回答道：“没那必要。”声音十分低沉。

这时，交通信号灯变成了绿灯，舒影继续启动了车子，小玥再没提顾函。

舒影和小玥来到饭店的时候，肖劲平已经到了，点了满满一桌子菜。坐下后大家一边吃饭一边聊起了这次财务检查的事儿。

“你手上的项目怎么样？这次财务核查还顺利吗？”

“还算顺利，核查材料已经报上去了”。

“这次通过财务核查来清理 IPO 堰塞湖看来是动真格了，好些抽到现场检查的企业都主动退出。”

“这招确实管用，在会里面熬个几年还能熬得住又经得起查的都是好企业，后面上市审核也会加快。”

“好几百家企业在会里排队审核，鱼龙混杂，这次的财务核查对整个市场来讲确实是好事。”

“不错！只是苦了我们这些干投行的，为了核查拟上市企业与客户供应商的交易，打着飞的不舍昼夜地全国甚至满世界飞。”

“要是能满世界地旅游就好了，可惜根本没有玩的时间。”

…………

这时小玥有些按捺不住了，气呼呼地说道：“你们能不能不聊项目啊，就简简单单地吃顿饭，不行吗？”

投行人见面一般都会习惯性地聊企业上市、聊审核动态、聊资本市场等。舒影意识到刚才只顾着和肖劲平聊项目确实不妥，赶紧说道：“好，不聊项目了！听说巴厘岛之行肖劲平你临时出差没去成，这次回来可得多待待，好好补偿一下小玥。”

小玥立即把话接过来问肖劲平：“你这次回深圳待多久？”

“就周末吧，星期一得去一趟北京。”

“又去北京，你最近怎么老跑北京？”小玥抱怨道。

“有家企业快上会了，最近出差比较多，几家航空公司都飞成了金卡，现在上飞机都可以直接刷脸了，跟空姐都混得很熟。”

“噢……那你跟哪个航空公司的空姐最熟？”小玥这一问似乎意味深长。

肖劲平意识到说错话了，嘻嘻笑道："不熟、不熟!"

晚餐快结束的时候，肖劲平接了一个电话便匆匆忙忙地出去了，过了几分钟再回来的时候还带了一个人一起，舒影抬头一看怔住了，竟是顾函，他真的回来了!

"小玥，你不是说晚上还有事吗?"肖劲平示意了一下此时还坐在位置上的小玥。小玥连忙起身跟舒影说道："我们晚上还有事，先走一步了。"

"舒影晚上喝了点酒不能开车，你等会送她回去。"肖劲平拍了拍顾函的肩膀，说完便拉着小玥离开了。

顾函在舒影的对面坐了下来，他的眼睛比以前似乎更深邃了，皮肤黑了不少，看上去更加刚毅、成熟。

两人沉默良久，最终还是顾函先开口了："好久不见，还好吗?"

"挺好!"

"听说你这几年做了不少企业上市，恭喜啊!"

"谢谢! 你这次……是回国出差?"

顾函摇了摇头："我已经离开M资本了。"

舒影诧异地看着顾函。顾函继续说道："我曾经说过我去M资本纽约办事处只是过渡，迟早会回来的，只是时间问题。"

这时顾函拿出一张名片递过来，舒影接过来看了看念道："函策资本创始合伙人。"

"嗯! 回国后我自己开了一家公司，也算是开始创业了。大型投行主要是保荐承销这类牌照业务，而我做的是精品投行，主要是企业合并与收购咨询，目前这块暂不受太多监管，业务的灵活度也高了很多。”

舒影笑了笑：“精品投行最近确实在市场上崭露头角，顾总真是有战略眼光，每一步都能踏上时代的节拍！”

“你就别取笑我了，自己创业和在大平台天差地别，我现在是从零开始，压力不小。”

“不过，我挺佩服你的勇气，能够放弃 M 资本的高薪，迈出创业这一步。”

“确实需要勇气！追逐心中所愿，不留遗憾，所以我回来了。”

此时，两人四目相对，空气中似乎弥漫着暧昧的气息，舒影下意识地将目光闪躲开，起身道：“我要回去了。”

“我送你。”

舒影犹豫了一下还是答应了。

在回去的路上，顾函手握方向盘，眼睛紧盯着前方的路面，没有说话。舒影一时也不知道该说些什么，想着快点到家，却又盼着时间过得慢一点，或者路再长一些。为了缓解车内尴尬的气氛，舒影点开了电台，电台里正播放着那曲经典的民谣歌曲《成都》，两人就这样静静地听着，昔日在成都街头的美好时光仿佛又浮现在了眼前。车子开到一半的时候，顾函开口说道：“我朋友从法国给我带的红酒，今天刚好送到我家里，现在时间还早，有没有兴趣去品尝一下？”

“那……要看是什么样的红酒了。”

“当然是你最喜欢的那款。”

“这么说我还真有些兴趣了……”

顾函得意地看了舒影一眼，把车开到红绿灯的地方掉头，向马路的另一头驶去。

来到顾函家后，舒影在客厅的沙发上坐下。顾函把手机放在桌上后，从柜子里取出两支红酒杯："新买的红酒杯，还没用过呢，我去洗洗。"

这时，桌上的手机突然响了，顾函在厨房正放着水，声音很吵。舒影起身正准备把手机给他拿过去，突然发现是赵树岷太太的来电。舒影坐回沙发上，傻傻地看着手机直到手机铃声消失。

顾函来到客厅，把红酒和酒杯放在桌上，走到音箱架旁边："我最近换了音响，你运气真好，有耳福了。"

舒影看着顾函问道："赵树岷和她太太在闹离婚，你知道吗?"

顾函愣了一下，没想到舒影会突然问他这事儿，不过瞬间恢复了常态，继续操作着音响，说道："听说了一些。"

"只是听说还是在给赵太太出谋划策?"舒影继续追问。

这时舒缓的音乐想起，充满了整个屋子，但屋里的气氛却显得没那么舒缓。顾函回到沙发上坐下，一边往红酒杯里倒酒，一边说道："赵太太是我的客户，我为我的客户负责，提供专业的咨询服务，仅此而已。"

顾函把酒杯递给舒影，舒影并没有接："专业服务是要有底线的，不应该成为破坏别人婚姻的手段。"

"我并没有破坏别人的婚姻，是他们自己的感情破裂到了无法挽回的地步。我只是确保我的客户能够在离婚中争取到最大的利益。"

"可是你却在别人的婚姻纠纷中推波助澜……或者说促使离婚只是缘由，后面还有更大的阴谋……"

“简直不可理喻!”顾函打断了舒影的话。

两人争执一番之后都在气头上，过了一会儿，舒影说道：“我差点忘了，我们本来就不是一类人……”说完便离开了，“砰”的一声把门带上。

音乐还在继续，顾函直直地坐在沙发上，将杯中的红酒倒在嘴里，一饮而尽。

离开顾函家后，舒影来到海滨栈道，一边吹着海风，一边慢慢地沿着海岸线走着，栈道边整整齐齐的路灯投下一排昏黄的光影，身边偶有夜跑的人经过。舒影万万没有想到顾函竟然是这件事情的幕后推手，而他也曾经是宙峰实业 IPO 项目的负责人，这不得不让舒影产生联想……

达鹏科技董事长的离婚纠纷导致实控人股权冻结的文章在各大网站转载，各路八卦记者更是捕风捉影、大肆炒作，闹得沸沸扬扬、满城风雨。达鹏科技聘请的财经公关公司忙得不可开交，不断在联系删帖，发表软文回应，但在互联网如此发达的年代这些都是杯水车薪，事态的发展已经远远超出了预期。这不仅是简单的夫妻离婚财产分割问题，还牵涉到公司股权结构的稳定性，甚至是公司能否顺利上市，市场上各种谣言和猜测不断。赵树岷和他太太谈判过几次，但是赵太太的态度仍然很坚决，完全没有退让的意思。大家急得团团转，每天不断地刷新信息，密切关注着媒体是否又有最新的报道。

舒影犹豫要不要找顾函让他劝赵太太让步，至少寻求一个让双方都能接受的解决方案，但是以她对顾函的了解，这是很难的，目前的局面都在顾函的掌控之中。

就在大家都几乎束手无策的时候，舒影意外地收到了陶雪的信息，约她见面。原来陶雪在香港也关注到了赵树岷的离婚纠纷案，她已经到了深圳。

舒影按照陶雪给的地址来到一栋大厦，这是一栋刚建成不久的写字楼。她走进写字楼的大堂正要向电梯口走去，这时一部电梯刚好从上面下到一楼，电梯门开了，顾函从电梯间走出来。舒影和顾函几乎同时看到对方，两人的脚步不约而同地顿住了。

他怎么会在这里？不会也是来找陶雪的吧？舒影心里暗暗一紧，此刻顾函的表情似乎也流露出同样的惊讶。但只在一刹那，两人几乎又同时向前迈去，走到近处迎面停住了脚步。

“好巧！你来这里有事？”顾函问道。

“嗯！”舒影自然不能让顾函知道她来这里的真实原因，随便找了一个理由应付道：“我来开会，你呢？”

“我也来开会。”

对于顾函的答复，舒影将信将疑，不过又担心顾函继续追问她的来意，只想尽快结束这场令人不安的不期而遇。

舒影面带微笑礼貌地说道：“我还赶时间，先上去了。”

“好，不耽误你的时间。”

舒影走到电梯口，并没有马上进电梯，回头见顾函已经出了写字楼大堂的大门，转身走到展示入驻公司名称显示牌墙面的下方，搜寻着写字楼里都有哪些公司。舒影也不清楚为什么这么做，是因为双方的立场不同，还是因为他是顾函？

这时突然有人在身后叫她的名字，舒影回头一看，原来是曲建新和几个人从另外一部电梯里走出来。

曲建新见到舒影兴奋地打招呼。原来曲建新在这栋写字楼租了一间办公室，公司名牌还没来得及贴到墙面的显示牌上。曲建新让舒影改天一定过来坐坐，舒影笑着连连答应。与曲建新一同下楼的几个人在不远处驻足等待，看来他们是着急出去办事，简单寒暄几句后曲建新便和舒影告别了。

舒影找到陶雪给的位置，陶雪将她引进了一间办公室，一边招呼着一边说道："这是公司在深圳的培训中心，平时没有培训活动的时候人很少，我也是偶尔过来一下。"

陶雪从桌上的酒精灯炉上拿起一壶刚泡好的水果花茶，倒入两个十分精致的半透明的茶杯中，说道："舒小姐，我知道你们做投行的时间都很宝贵，我也就开门见山地说了，我今天找你是想知道赵树岷和他太太离婚是不是和我有关系。"

没想到陶雪会这么直接，不过这种谈话的方式也正是舒影所喜欢的："一开始有些关系吧，不过……这件事情被其他人所利用，一发不可收拾，现在整个局面已经有些失控了。"

陶雪沉默了一会儿，端起桌上的茶杯喝了一口，缓缓地说道："赵树岷现在的状态怎么样？"

"不太好。他和他太太谈过几次，希望能够庭外和解，不过赵太太提出的条件很苛刻，而且不肯让步。"

"赵太太在深圳吗？"

"应该在，最近这个事情闹成这样，而且马上就要开庭了，她最近应该都在深圳。"

"我不想因为我的原因导致他们婚姻关系破裂，你能把赵太太的联系方式给我吗？我也是女人，而且是有过一段失败婚姻的女人，我试着劝劝她，不要因为一些误会或子虚乌有的事情而放弃一段感情，或者说一个原本可以幸福完整的家庭。”

不得不说陶雪让舒影有些意外，专程赶来深圳竟然是为了调解赵树岷的家庭矛盾。舒影满心佩服地说道：“您本可以置身事外的，谢谢能在这个时候出面帮我们，我相信赵总他也会很感激！”

“我已牵扯其中，又何谈置身事外，只不过这件事情你要帮我保守秘密，不要让赵树岷知道。”

舒影刚开始有些不解，不过慢慢领会了陶雪的用意，虽然只是第二次见面，但眼前这位女子淡定从容、善良优雅，而且睿智理性，也许这才是女人最美的模样。

陶雪和赵太太约在一家咖啡馆见面，两个年纪相仿的女人面色的差异却很大，赵太太为了这场官司熬得面色憔悴，看上去十分疲惫。

“好多年没见了，这样坐下来跟你聊天应该还是第一次吧。”陶雪首先说道。

赵太太故意把手抬起来看了一下表：“我等下还有事情，时间不多，你有什么话就直说吧。”赵太太显然有些不耐烦，眼神飘忽不定。

“我向总公司申请调到英国办事处去工作，公司已经同意了，走之前我想有必要把一些话说开，免得成为大家的心结。”

赵太太听陶雪这么一说显然有些意外，本以为陶雪是来帮赵树岷谈判的，没想到竟然是主动退出。虽然赵树岷一直强调跟陶雪只是普通朋友的关系，但赵太太从来都觉得他是在故意掩饰。

赵太太的眼神移到了陶雪身上，很感兴趣她接下来会说些什么。

“我和赵树岷是同学，毕业后我们也都有了各自的家庭，我曾有过一段婚姻，后来我的婚姻关系破裂，整个人几乎快要崩溃，那是我一生中最痛苦的时候。那段日子，赵树岷确实给了我不少的支持和帮助，鼓励我走出了人生的低谷。好在我最后争取到了孩子的抚养权，让我重新看到了生活的希望。”说到这儿，陶雪喝了一口咖啡，停顿了一会儿，继续说道：“我和赵树岷是朋友，也止步于朋友，我到香港之后我们再没见过面。现在孩子也大了，他懂事、孝顺，我很欣慰，也很感恩，对现在的生活很满意，也没有其他不切实际的奢求。”

说到这儿，陶雪从包里拿出一张银行卡放到桌上，顺着桌沿平推到赵太太面前：“这是赵树岷这些年来给我资金上的帮助，麻烦你帮我还给他。谢谢你们，也祝福你们！”

赵太太看看桌前的那张银行卡，再看看陶雪，此时话已说开，她有很多话想跟陶雪说，但话到嘴边又突然咽了下去，只是冲陶雪微笑地点了点头。

就在离婚官司开庭的前一天，赵太太撤诉了。赵树岷在公司的办公室，左手拿着陶雪托赵太太转交的那张银行卡，右手拿着手机，犹豫了好一阵后终于摁下了通话键。不过电话的语音提示已是空号……

第二十一章 真假签字

达鹏科技 IPO 发审会会议召开的通知已在网上正式公布，所有人都进入一级战备状态，上会已然成为一等一的大事，短短几十分钟的发审会决定着企业的命运，牵动着所有人的心。通过上市审核，将造就一批千万亿万富豪；未通过，所有的努力和心血将付之东流。这是公司上市路上决定性的一场战役。

夜幕降临，北京的金融街也渐渐安静下来，在证监会附近的京度酒店的套房里，达鹏科技的核心管理层和投行相关人员聚集在一起讨论着，这已经是第四场模拟上会培训了。

发审会除投行的两名保代之外，还需要董事长、财务总监或董秘上会。达鹏科技是赵树岷一手创立的，对公司的成长历程、业务情况自然如数家珍。何平作为公司董秘虽然在公司上市过程中参与较多，但对公司财务数据的熟悉程度远不如财务总监陈安泰，尽管陈安泰极不情愿，但使命所在也不得不硬着头皮上。如果说高考是人生的大考，那么IPO发审会是企业迈入资本市场决定性的一场考试，容不得半点疏忽。

舒影细心地指导着，从上会的入场顺序到如何自我介绍、说话的语速语调，以及问题回答的思路等。赵树岷平常在各种场合都是自信满满、侃侃而谈，而模拟培训却显得有些紧张，毕竟企业能否上市就掌握在七位发审会委员手中。

发审会上的表述与招股说明书的披露有出入是大忌，因此，凡上会人员一定要将那几百页的招股说明书烂熟于心。凌晨时分，大家还在埋头翻看着那堆厚厚的资料，套房的客厅里，各种咖啡、红牛，还有矿泉水的瓶瓶罐罐在桌上、地上任意地堆放着，墙壁上的挂钟嘀嗒作响，却没有人在意时间，为了能顺利跨入资本市场，一起挑灯夜战。

经过连续几天紧张的上会准备，舒影建议大家周末到潭柘寺放松放松。达鹏科技从北京分公司调用了一辆商务车，星期日一大早便出发。赵树岷还特意把车窗留了一条缝，任由夹杂着雾霾的空气肆意地吹进车内，长时间闭关后这自由的空气让人感觉格外惬意。

潭柘寺虽然离市中心距离很远，不过一路上大家说说笑笑，不一会儿的工夫就到了。赵树岷本是信佛之人，再加上公司上市对他意义重大，特意到此请香，层层殿宇，一路参拜。舒影与大家一同步行一段距离后，约定在出口处集合的时间，便独自在寺内随意转转。走着走着无意间来到“柏柿”古树旁，导游正介绍着古树“百事如意”的寓意，游人也竞相在此摸树。见此景象，舒影不禁想起了第一次来潭柘寺的情景，只不过早已物是人非。

舒影掏出手机随手拍了张“柏柿”古树的照片发朋友圈。刚发出去就收到顾函发来的微信，只有简短的六个字：“上会有变，慎重!”

舒影不明就里，上会就在后天，也就是星期二，难道又有变数？舒影直接把电话拨过去，但顾函始终没有接电话。舒影相信顾函发这条信息肯定是有缘由的，此刻她再无心游玩，一路向寺院出口处走去。

舒影到寺院的出口处比计划的时间早了许多。过了好一阵才见赵树岷一行人出来，各个看上去神清气爽、春风满面，估摸着刚才一番虔诚礼拜定会得到佛祖的庇佑。只有舒影显得有些心事重重，反被大家打趣一番，因为不清楚事情的原委，舒影也不便多说。

第二天也就是星期一，一早果然传来消息，证监会收到举报信，罗劲帆当初将持有达鹏科技的股权转让给赵树岷的签字并非其本人的亲笔签名，要求投行和律师核查并发表意见。这封举报信犹如晴天霹雳，所有人都没有想到在上会的前一天竟然出了岔子，天通证券随即与证监会沟通，由于尚有相关事项需进一步核查，证监会决定取消发审会会议对达鹏科技发行上市申报文件的审核。取消审核的情况并不多见，一般是发审会前夕遇到突发事件，或者是发审会对公司披露的材料有疑问，需要企业进一步解释说明。消息一经公告，媒体哗然，各种报道和猜测纷至沓来，甚至有说达鹏科技将步宙峰实业的后尘梦断黄粱。

何平赶紧联系媒体公关公司，要求采取各种办法和措施把市场影响度降到最低。

大家聚集在京度酒店，还是那间房间，气氛却格外沉重。

沉默了好一会儿，任逢终于按捺不住了，打破了屋内的宁静，激动地说道：“宙峰实业 IPO 早已经被否了，两家公司的恩恩怨怨闹了这么多年，罗劲帆现在抓着公司的把柄肯定会借题发挥。他选择在我们上会前一天举报一定是蓄谋已久……不错，一定是!”

陈安泰皱着眉头，摇晃着脑袋说道：“昨天去拜佛请愿心还不够诚吗？眼看就要上会了，却硬生生地闯出一头拦路虎，临门一脚被摁下了暂停键。遇到这样的事情，简直就是身心折磨啊……”

“身心折磨”这四个字简直是说到了大家的心坎上，大家都陷入了沉默。虽说上市不易、好事多磨，就算是唐三藏西天求取真经还经过了九九八十一难，但真正踏上上市之路后才能体会到其中的艰辛。赵树岷脸色苍白，显得有些疲惫，整个身子几乎半摊在了沙发上，赴京赶考连夜苦读，却在考试前夜通知考试资格被取消。

舒影在桌上拿了一瓶红牛，喝了一口，提振了一下精神说道：“上市确实有很多不可控因素，大家也不要灰心，赶紧想个应对之策才是当务之急。这封举报信在这个时候递交到证监会，无疑是罗劲帆故意为之，看来是有备而来。关于举报信提到虚假签字的前因后果，赵总跟大家详细说一下吧。”

赵树岷从沙发上移动了一下显得十分沉重的身子，随手把旁边的靠垫拖过来垫到后背处，尽量让自己坐得舒服些，说道：“我与罗劲帆高中和大学都是同学，毕业两年后我们决定共同创业设立公司，刚开始的时候我们谈好公司注册资本五十万元，各占 50% 的股份……"

"各占 50% 的股份，那可是最糟糕的股权结构。"舒影忍不住插了一句。

赵树岷身体往前倾斜了一些，两条手臂靠在大腿上，十指交互扣着，缓了一口气，接着说道："确实是，后面的情况也证实了这一点。当时我们关系很不错，公司设立的时候罗劲帆手头比较紧张，我就先借了二十五万元给他作为出资，想着先把公司给设立起来。后来因为经营理念不合，再加上一些私人的原因，矛盾越积越深，罗劲帆便决定自己单独出去创业，成立了宙峰实业。那个时候我刚好认识了任逢，他对这块业务很感兴趣，有意增加投资，于是我们达成协议将罗劲帆持有的股份全部转给我，我和他就此分道扬镳。但转让协议签字的那段时间，罗劲帆在国外拓展业务，无暇专门回国签字。我想着罗劲帆在达鹏科技设立时候的股份本就是我帮他出资的，为了早点办理工商变更，也没考虑那么多，经他口头同意模仿他的笔迹把协议签了，但没想到终究还是埋下了祸根。"

"关于达鹏科技设立时的出资，我们尽调的时候查看了当时的验资报告，确实是从罗劲帆的个人账户打到公司账户的，显示的也是出资款。"舒影补充道。

"没错，那二十五万元是我借给他作为出资的。"

"当时你们之间有没有关于代持的书面文件或者是资金往来用途的说明？"

"那倒没有，当时也没考虑那么多，只想着把事情做起来，怎么简单怎么来。"

“那就难办了，如果罗劲帆硬说设立时候就是他的出资，后面的股权转让又不知情或没有得到他的授权就比较麻烦。”说到这里舒影沉默了一下，过了一会儿说道：“关键点还在罗劲帆，关于他出资时候的资金来源，以及后来的股权转让都需要他出声明进行确认，这件事情……最好是能和平解决。”

舒影接着说道：“取消审核的消息一公告，罗劲帆料定赵总会去找他，不妨先给罗劲帆打一个电话，试探一下他的态度，摸清楚他的想法，我们再来讨论对策。”

赵树岷眉头紧蹙，看来是时候对他和罗劲帆，以及两家公司这些年来的恩怨情仇做个了断了。可是从当前的局面来看，罗劲帆已占据了上风，让他主动去找罗劲帆还要割地求和，可以说是极不情愿。

可是解铃还须系铃人，赵树岷无法逃避，深吸了一口气，拿起桌上的手机，摁下免提键，拨打罗劲帆的电话，但电话那头始终传来关机的语音提示。这下大家心里一下都紧张起来，舒影问道：“是不是换电话号码了？还有没有其他的联系方式？”

“这是我仅存的他的电话号码。”

舒影继续说道：“看来是故意关机的，想让我们乱了阵脚，这个时候一定要先沉住气。证监会让投行和律师核查，核查回复我们也不能拖太久，要想尽一切办法尽快联系上他。”

赵树岷脸色十分难看，达鹏科技本和罗劲帆没有任何关系，他也没有投过一分钱进来，可现在却要任他牵着鼻子走，实在是气不打一处来。难道这次罗劲帆真的是要鱼死网破？宙峰实业既然上不了市，达鹏科技也别想顺利上市，如果罗劲帆真的不留余地死磕到底，在这个节骨眼上，达鹏科技肯定是扛不住的。

一连两天都始终联系不上罗劲帆，大家只好决定先回深圳再从长计议。在首都机场的候机厅里，赵树岷望着往来的飞机，感慨良多，本以为这次可以凯旋，但现实总是那么残酷。

此刻，已无退路，唯有尽人事、听天命。

回到深圳后，罗劲帆回复了赵树岷的信息，两人约好单独见面，这次应该是十几年来两人第一次私下会面。曾经在学校义结金兰，步入商场后刀光剑影，而如今却是狭路相逢。

赵树岷和罗劲帆的会面约在距离中心区较远的一家僻静的会所，达鹏科技的核心高管们在附近茶楼的包间里焦急地等待着谈判的结果。

“你们说罗劲帆会不会趁火打劫，借此机会狮子大开口?”陈安泰皱着眉头若有所思地说道。

何平应道：“那还用说? 这么多年的恩怨纠葛也该好好理理了。”

“都是些陈年旧账，这账难算啊!”任逢故意拉长了声音。

“痛快点，开个价不就得了，说到底不就是钱的问题嘛，别把上市这大事给耽误了。”陈安泰略显急躁。

何平冷笑道：“对我们来说是大事，对人家来说……可是难得的捞一把的机会。”

快到中午的时候，赵树岷来到茶楼的包间，大家赶紧让座，目光都聚集在他身上，急切地等待谈判的结果。赵树岷让服务员重新上了一杯新茶，缓缓地说道：“对方没有提出明确的要求，只是说想看到我们的诚意。”

这个结果让大家都很意外，接下来是一阵漫长的沉默。既然已经亮出底牌为何还故弄玄虚，这葫芦里卖的到底是什么药？宙峰实业上市未果，现金流紧张，目前正是需要资金的时候。罗劲帆如此作为，尽管有违道德底线，但商场上尔虞我诈、明争暗斗也是常有的事。对方不给出明确的条件，如此一来，却是难办了。

在 CBD 中心区的一家酒吧里，两名女孩坐在正对门口处吧台外侧的高脚凳上，一名手上把弄着杯子，另一名拿起酒杯放到嘴边却没喝。她俩有一搭没一搭地说着些什么，眼睛直盯着一个方向。舒影走进酒吧，顺着她们目光的方向看过去。

靠窗的位置是沙发，也许是因为灯光比较昏暗，又或者是沙发颜色的缘故，远远望去式样和花纹并不是特别清晰，略显陈旧，不过与整个房间的布局十分搭调。沙发上靠坐着一名青年男子，悠闲地跷着二郎腿，衬衫很白净看上去似乎没有一丝褶皱，西装上衣搭在沙发上面，他一只手翻看着手机，另一只手搭在沙发的扶手上。

舒影向那男子的方向走过去："等很久了？"

顾函抬头见是舒影，将手机放到面前的桌上，说道："我也刚到。"

舒影坐下后说："这位置选得不错！打望女孩儿的视角刚刚好。"

"什么女孩儿？"顾函一边说着，一边向四周扫视了一番。两女孩儿冷不防撞上顾函的目光，赶紧转过头去像是在嘀咕着什么。顾函撇了撇嘴，稍显不屑地说："我可没这偏好！"

舒影笑了笑。

酒吧的灯光柔和、温暖，音乐舒缓、放松，顾函点了杯威士忌，舒影点了杯马天尼。

“怎么样？两家公司的老板见面了吗？”顾函问道。

“见过了，不过效果不及预期，对方并没有开出一个明确的价位。”

“或许……对方想要的不是钱呢？”

舒影试探着问：“难道对方想要的是股份？”

顾函端起酒杯一边晃动着，一边说道：“从长远来看，股份应该更有诱惑。”

“你的意思……以换股的形式收购对方公司。对方愿意吗？”

“不试试怎么知道？”顾函将酒杯伸到舒影面前，轻轻地碰了一下她的杯子：“Cheers（干杯）！”

达鹏科技与宙峰实业并购整合确实是双赢的局面，关键在于两家公司的战略目标能否一致、团队能否形成合力、业务发展能否协同。可是当初赵树岷和罗劲帆正是因为经营理念不和才分道扬镳，而如今是否还有可能为了上市的目标再次走到一起？

这个方案，赵树岷一开始就出面去谈实为不妥，并购谈判本是双方相互博弈、相互妥协的过程，如果收购方一号人物立马进入角色的话，一旦谈崩就很难有回旋的余地。一般由二号或三号人物先试探性谈判。然而不论是陈安泰、任逢，还是何平出面都不合适，毕竟现在还牵涉到十多年前一纸股权转让协议的真伪，以及两家公司核心人物之间的私人恩怨。因此，当前情况下最适合出面的就是投行。

舒影来到宙峰实业罗劲帆的办公室，办公室的排场的确比赵树岷的要气派很多，俨然一副上市公司的派头。双方互换名片寒暄一番后便直奔主题。

“达鹏科技和宙峰实业都是业内的龙头企业，达鹏科技以国内市场为主，贵公司则重点开拓海外市场，国内市场毛利高，而海外市场回款速度快、现金流好。如果两家公司整合在业务层面可以形成协同；同时，在技术研发方面，贵公司已获得几项领先技术的发明专利，据我们了解，这几项技术更适合运用到国内市场，而国内市场的渠道推广正是达鹏科技的优势，毕竟达鹏科技在国内已深耕多年，销售渠道布局几乎覆盖到全国的重点城市，两家公司合作后在技术和渠道方面便能形成互补。另外，业内龙头公司联手，市场集中度将大幅提升，与国外的大公司亦能形成一定程度的抗衡。”

罗劲帆托着下巴仔细地听着舒影的分析，若有所思的样子。舒影接着说道：“达鹏科技上市在即，上市后与宙峰实业联姻，如此一来宙峰实业也可以间接实现上市。宙峰实业为了 IPO，曾通过招商引资拿了一块地作为募投项目的实施用地，并承诺了好几个亿的投资，然而 IPO 未能顺利推进，募投项目至今无法启动，即使是银行贷款也很难解决如此大的资金需求。但通过上市公司的平台，采用股权融资的方式来解决，对公司的资金压力也可以得到有效的缓解……”

罗劲帆沉思了一阵，缓缓地说道：“宙峰实业是我一手创立的，我也是这家公司最大的股东，一旦卖给达鹏科技，我顶多只能是二股东，在经营决策、公司管理等方面都会受到约束。呵呵，我这个人啊，这么多年来习惯了当老大，让我退居老二的位置，未必能过我自己心里这关啊！当然，非常感谢到访，你们所提的事项我也会认真考虑。”

罗劲帆的这番话说出了他的顾虑，但也没有把话说死，留有一定的余地。然而，达鹏科技在会审核正处在关键点，举报核查不宜拖得太久，再加上媒体炒作，如果不能尽快解决，后续将很难控制事态的发展，对IPO有可能形成致命的一击。

眼看时间一天天过去，事情却没有太多进展，来自监管、媒体、投资人各方面的压力让人喘不过气来。正在大家焦头烂额之时，舒影突然收到顾函的信息：“时机成熟，尽快安排谈判。”在这个时刻，舒影只能选择相信顾函，最后一搏，安排双方谈判。

此次会谈安排在函策资本的会议室，赵树岷、罗劲帆以及双方的财务顾问都有参与，当然舒影和顾函也在场。这是一间能容纳二十人左右的房间，朝南的落地窗正好能看到深圳湾平静无痕的海面和对面香港错落有致的山头，只是那片落地窗已被帷幔遮挡得严严实实，会议室的气氛有些微妙，稍显紧张，谁也没有心思看外面的风景。

谈判席上罗劲帆一改之前的态度，愿意与赵树岷谈收购一事，但要求达鹏科技在上市前就完成收购。罗劲帆终于表明了真实用意，与其说这是罗劲帆的精心谋划，不如说是另有其人在背后布局，而此人显然就是宙峰实业的财务顾问、函策资本的创始合伙人顾函。舒影向桌对面顾函的方向望去，原来她和他之间的距离始终还是那么遥远，以前如此，如今亦如是。

“这对我们公司上市有什么影响？”赵树岷眉头紧蹙地问道。

“要在上市前完成收购，意味着达鹏科技需要先撤回本次上市的申请，由于两家公司之间的并购属于非同一控制下的收购，整合完成后需要运作一定时间才能再次提交上市申请。”听舒影这么一说，赵树岷眉头皱得更紧了，目光投向罗劲帆，原本想着等达鹏科技登陆资本市场后拉宙峰实业一把，可宙峰实业却盘算着把即将上市的达鹏科技硬生生地拽回来。

这时，顾函说道：“自从宙峰实业 IPO 被否后，业务难免受到影响，近几年来达鹏科技的发展速度比宙峰实业要快许多，资产规模、收入利润方面都远超宙峰实业，收购后的规范运作并不需要太长的时间。”

赵树岷脸色严肃得有些阴沉，一字一顿地说：“要是我不同意呢？”

顾函接着说道：“赵总，您当然可以不同意，不过做决定前还请多权衡考量，如果当初股权转让协议上真是罗总的亲笔签名，那么我想我们大家今天也没必要聚到这里了。宙峰实业未来随着业务的拓展仍然有上市的可能，而达鹏科技设立之初股权转让真假签字的问题如果不能彻底解决，将永远成为上市的障碍。”

赵树岷与罗劲帆隔着长桌遥遥对视。罗劲帆笑容可掬地说道：“老赵啊，我们做了这么多年企业，也斗了这么多年，累了，也乏了。上次舒小姐来找我的时候对我们两家公司合并整合的协同效应已经分析得很透彻了，今天我来参加会议，已经表明了我的诚意。”

赵树岷沉默良久后，问：“如果两家公司整合，上市可有把握？”

舒影把话接过来说道：“两家公司都曾经在证监会审核，关注问题都很明确。如果双方达成并购上市的意向，罗总配合出具历史上股权转让相关的声明承诺，确认达鹏科技设立之初的股权转让是他个人的真实意愿表示，不存在股权方面的纠纷，可以解决达鹏科技的上市障碍。如此一来，并购整合后宙峰实业境外业务过于集中的问题也可以彻底解决。不过……还有两点需要关注：其一，本次并购的估值和股份安排；其二，由于上市时间延后，为保障有足够的运营资金，需要考虑上市前再做一轮融资。”

“估值方面只要依据充分我都可以接受，达鹏科技的体量规模比宙峰实业大，我做二股东也合情合理，至于上市前的融资安排……”说到这里，罗劲帆扭头看了一下坐在他身旁的顾函。

顾函把话接过来说道：“这轮融资我相信有一位老朋友会很感兴趣。他对我们这个行业十分了解。赵总也认识。”

“我认识？”

“他今天正好来函策资本谈事，就在我办公室，我让他过来。”

过了一会儿，会议室的门开了，进来之人正是曲建新！

当初达鹏科技启动 IPO 招标时，曲建新、顾函、舒影三人去投标，多年后大家又因达鹏科技项目再次聚到一起，只不过当初的投行人在这场谈判中已变换了各自的身份角色。

谈判持续了好几个小时，双方最终达成一致。赵树岷、罗劲帆握手言和，两人过去的恩恩怨怨一笔勾销，两家公司在未来的战略布局上将形成协同。

晚宴上大家共同举杯庆祝收购意向顺利达成，业内两家龙头企业的整合注定将震惊整个行业。晚宴到下半场的时候，舒影走到宴会厅外的露天阳台上吹风，顾函也紧跟着出来。

“怎么样？今日谈判的结果还满意吧？”

舒影回头见是顾函，将那被晚风吹拂起的长发捋到耳朵后侧，缓缓地说道：“这场收购谈判牵涉进来的人可真不少啊！”

顾函意味深长地说：“有时候牵涉进来的人多了，反而能让事情的进展更加顺利！”

舒影侧过身子靠在阳台的护栏上，望着远处感叹道：“是啊！当赢面很大的时候，得让事情尽量简单，变数越少，越好控制；当赢面很小的时候，要让事情尽量变得复杂，当对手难以控制局面的时候，变数则是机会，趁乱翻盘，落子而定乾坤，顾总今日可是下了一盘好棋！”

顾函凝视着舒影，认真地说道：“今日下的是一盘和棋。难道不是吗？”

舒影转过身来若有所思地望着顾函。过了好一会儿，问道：“你是如何判断时机成熟的？”

“其实很简单，我之前做宙峰实业 IPO 的时候对公司的情况了解得很清楚。Pre－IPO 那轮融资公司为了多拿钱，把估值谈得很高，相应的投资人除要求三年业绩对赌之外，还要求承诺公司在一定时间内实现上市或卖给上市公司，以便投资人后续退出。当然，企业上市是不允许此类对赌或承诺的，为防止股权发生重大变动，于是各方又签订了补充协议，约定公司在上市申报的时候，中止此类条款，但上市申请被有关部门不予核准或公司撤回申请上市材料的话，将恢复执行。投资人可是真金白银投进来的，上市被否后，罗劲帆压力很大。”

“罗劲帆恰恰在这个时候突然顶不住压力，应该是有人在后面推波助澜吧？”

“怎么话从你口中说出来感觉都变了味似的，我可是促成了一件好事。再说了，当初宙峰实业对员工股权激励的时候，很多员工都是把家底给翻出来了，如此一来也算是帮他们谋得一条出路。”

“即使罗劲帆扛不住压力要把公司卖掉，也不一定非得是达鹏科技，达鹏科技还没有上市，更何况他和赵树岷之间还存在这么多的过节……”

“这你就不了解罗劲帆了，宙峰实业可以说是他一生的心血，几乎所有的精力都花在了公司上，如果是卖给跨行业的公司，经营理念必定会有更大的分歧，所以从大局出发，罗劲帆最终还是决定与达鹏科技合作，也算是借此机会与赵树岷化干戈为玉帛。”

“不过达鹏科技眼看就要上市了，被这么一折腾又得重新申报……”

“那也比两家公司闹得鱼死网破、两败俱伤好。如果罗劲帆坚持不对历史股权签字问题进行澄清，达鹏科技 IPO 很可能会功亏一篑，这次收购可以说两家公司都做出了让步，也算是共赢。”

“确实是共赢……如此一来顾总这单生意相信也收获不小吧！”

顾函并没有接话，只是一笑带过。

达鹏科技与宙峰实业合并的消息已在业内传开，赵树岷与罗劲帆并肩站在新闻发布会的讲台上，两人的手紧紧地握到了一起，联袂向外界正式宣布了整体合并的决策，达鹏科技收购宙峰实业，而罗劲帆也成了达鹏科技的股东。

历史股权转让真假签字的风波终于尘埃落定，完成收购后，达鹏科技再次向证监会递交了上市申请。

第二十二章　上市酒会

达鹏科技IPO项目发审会当天上午，一共有两家公司安排上会，达鹏科技是第二家。大家一大早便来到证监会等候着，前一家企业进到会议室还不到十分钟，赵树岷就有些坐不住了，在发审会专用会议室外来回踱步，时不时在门口停留一下，不过那道厚厚的房门封得很严实，实在是打探不到任何蛛丝马迹。陈安泰坐在休息室的椅子上，仍然抱着那堆厚厚的财务资料不停地翻看着，认真之余还带有些许慌乱，简直恨不得直接将那些密密麻麻的财务数据刻进脑袋里，生怕等下委员们问到回答不上来。

大概过了半小时，会议室的门开了，前一家公司的上会人员陆续出来，又过了十分钟的样子，工作人员将赵树岷、舒影等四人引进了那间严肃而庄严的会议室。

何平和秋桔等人守在门口焦急地等待着："进去快十分钟了吧……快半小时了吧……都四十分钟了，怎么还不出来……"

门终于开了，何平快步上前急切地问道："怎么样？都问了些什么问题？之前模拟培训的题目有押中的吗？"

四人刚经历了一场关系公司命运的大考，情绪尚未平复，回到休息室后仍意犹未尽地讨论着，完全顾不上旁人。何平等人只能焦急地在一旁打转，根本插不上话。

十分钟后，七位委员陆续从那间会议室出来，工作人员将两家公司的上会人员叫回那间会议室宣布投票结果，决定成败的一刻即将到来。赵树岷明显感受到心跳加快，眉头紧紧锁在一起，整个身子都紧张起来。

上会的两家公司最终都顺利通过了审核，屋里的氛围一下活跃了起来，所有人都在欢呼，两家公司之间也在互相道贺。

赵树岷走出证监会大楼，阳光明媚、春意盎然，万物复苏的感觉让人心旷神怡。这时手机振动了一下，是罗劲帆发来的祝贺信息，消息传得真快，接下来手机振动不停，各种恭贺的消息扑面而来。此番进京终金榜题名，这确实是所有人翘首以盼的好消息。

回到深圳后赵树岷约舒影打球，之前由于各种事务缠身一拖再拖，如今终于可以轻松下来。车子沿着城市中的绿荫小道驶入球场的大门，穿过大堂后，眼前绿草如茵，视野忽然开阔。

赵树岷拿起球杆，一边调整着站位，一边说道："人生就像是一场高尔夫！一场球 18 个洞，每一个球洞都是一个小目标，打完整场球就如同人生的缩影，这几天我对公司上市的整个过程进行了复盘，对高尔夫球又有了新的认识……"说到这里赵树岷并没有继续往下说，而是专注地盯着击球点。

“啪!”随着一声清脆的击球声，球在空中划过一道完美的弧线。

“太棒了!”舒影赞叹道。

“这次应该突破我的开球纪录了。”赵树岷满意地将手中的一号木收起来。

等舒影完成开球后，两人继续往前走。舒影说道：“这些年来我接触了太多的企业家，敲钟上市几乎是每位企业家的心愿，不过大家只看到成功后的光环，却很少有人关注其背后的经历，而这些经历才是最真实的人生!”

赵树岷接着舒影的话说道：“不错，如果要做到大多数人都做不到的事情，风光无限的背后波折在所难免。我打了十多年球了，在这个过程当中既享受湖光山色，又经历险峻崎岖，有时候登上山坡俯瞰宽敞的球道一览无余，有时候置身低洼丛林，甚至找不到击球的方向，但不管球打到了什么样的位置，都要沉着面对，不断重新调整心态和站位。”

赵树岷从球包里挑选了一支适合的球杆，走到那被他击出的球的侧面，双眼注视着球的位置，膝盖微曲。随着球杆挥出，赵树岷这第二杆直接将球打上了果岭，这时球距离目标差不多还有20码的距离。

“赵总，看来有希望捉鸟了!”

赵树岷换了推杆，这一杆可是关键性的一杆。赵树岷试挥了几下，说道：“这最后一杆一定要把目标放在心中而不是眼中。如果要让球按预设的方向前进，在击球的过程中就不能抬头看目标。如果急切地去关注结果，丝毫的动作偏移都会改变球运行的轨迹。”当杆面触球后，大家都屏住了呼吸，注视着球前行的方向……

“进了！恭喜啊！”

赵树岷将球杆收起，满意地说道：“上市这个小目标终于实现了！”

“赵总，下一步还得好好准备上市路演，不仅让监管部门认同，还得让投资人也认同。”

“放心吧！我对我们公司的股票有信心！”

赵树岷似乎并不太在意舒影的提醒，甚至下意识地认为达鹏科技已经是上市公司了。殊不知只要没到正式敲钟的那一刻，上市之路仍然存在变数。

上市路演的当天，赵树岷一大早收到舒影发来的信息：“公司上热搜了！”赵树岷赶紧上网，输入“达鹏科技”几个字，竟弹出来“达鹏科技财务造假”、“靓丽业绩背后的真实谎言”、“达鹏科技 IPO 谜团”一连串的信息，赵树岷呆呆地看着屏幕，简直不敢相信自己的眼睛。这时舒影的电话打过来了：“网传的都是同一篇文章，只是改了标题，到底是什么人在背后捣鬼？”还没等赵树岷接话，舒影接着说道：“上市路演上午九点开始，我们直接到酒店路演大厅旁边的休息室碰头再商量吧。”

舒影赶到休息室的时候何平也在，赵树岷的手机响个不停，他直接将手机关机往桌上一扔，气愤地说道：“这文章简直是在瞎写，夺人眼球！”

舒影说道：“最近一段时间关于 IPO 财务质疑的新闻很多，上市前的这段时间实在太敏感了，每家过会的公司都是关注的焦点，当然专业人士对公司情况发表自己的观点，甚至质疑都无可厚非，交给监管机构或专业机构来评判，但也不排除有些人浑水摸鱼胡乱评说，扰乱市场……”

“肯定是非专业人士写的，毫无逻辑，前后的分析根本站不住脚，一看就是在故意挑衅！”何平也抱怨着。

“媒体舆论一定要引起高度重视，前不久有家公司，IPO 都被核准了，却因媒体报道，在上市敲钟前几小时被监管层紧急叫停，最终撤销了核准发行的批文。”舒影的话让赵树岷瞠目结舌，本以为通过发审会就万事大吉，没想到在上市前临门一脚又出了状况。

“关键是公众大多不是专业人士，对文章本身的可信度没有太多的辨识力，一看标题很抢眼球就直接转发，如果再裂变式地传播出去，我们面临的舆论压力就会更大。”何平补充道。

“没错！对于这类标题党的文章，估计大家都不会细究内容，这才没多会儿的时间各大媒体和网站就已经频繁转发了，当务之急赶紧联系财经公关公司，必须把舆论的影响降到最低！”舒影转过身来面向何平说道：“财经公关公司的人还没到吗？”

“已经联系了，应该在赶来的路上。”

这时门被推开了，财经公关公司的苗总监匆匆忙忙地进来，一边小喘着，一边说道：“赵总，刚刚我们内部已经召开了紧急会议，针对达鹏科技的具体情况出具了应急方案。您放心！各方面的工作都已经安排妥当。”

“放心？让我如何放心？媒体转发控制住了吗？”赵树岷显得有些激动。

“已经在联系媒体停止转发和删帖了，我们会实时进行舆情监控，有任何动静都会在第一时间通知到各位。”

“这文章最开始到底是谁发出来的？”

“匿名发表，很难查实。”

“负面报道对公司影响很大，还有不到半小时就要上市路演了，有没有其他措施可以降低影响？”

苗总监语无伦次地说道：“这……倒是可以尝试推送一些软文，不过也起不到太大的作用，而且……马上就要上市路演了……文章是今天一早传出来的，公司现在正在风口浪尖上，如果没有进一步核查出问题，等过一阵子自然就会消停，又或者……或者有其他公司 IPO 被质疑可能会转移和分散公众的注意力……”

“上市路演的时间快到了，得准备上场了！”何平看了看时间催促着。

舒影提醒道：“尽量控制投资人提问环节的时间。”

此刻，路演大厅已座无虚席，大厅里的光线渐渐暗了下来，只剩下两侧墙面上几盏壁灯照射出黄色的柔光，人头攒动的听众们也渐渐安静下来。大厅正前方的大屏幕上开始正式放映达鹏科技上市路演的宣传视频。

赵树岷站在大厅前部的角落，尽量让自己的心情平静下来，随着宣传视频放映完毕，台下响起一阵掌声，大厅所有的灯光都亮了，赵树岷知道，该上场了，他别无选择，只能面对。赵树岷坐在讲台长桌的中间，舒影和何平分别坐在两侧。

赵树岷在台上介绍公司的情况，故意拖延时间，到了路演的后半场，投资人有些按捺不住了，台下发出阵阵“嗡嗡”议论的声响。

终于到了提问的环节，一开始投资人就行业和公司未来的发展布局提了几个常规性的问题，但接下来的提问显得就没那么友好了。

“今天一早网络纷纷在传关于达鹏科技 IPO 财务造假的文章，请问公司方面如何解释?”

“笔者测算公司员工的平均工资达不到高科技企业的标准，公司是否为了上市而故意压低员工工资?”

“达鹏科技曾经两次撤销 IPO 申请材料，如今收购宙峰实业后上市，收购是否为了拼凑业绩?”

…………

聚光灯下，一连串的问题扑面而来。赵树岷还是第一次在资本市场路演，又遇到如此棘手的问题，有些不知所措。舒影在一旁见状况不妙，情急之下把话接过来：“作为达鹏科技上市的保荐代表人，我来回复一下大家所关心的问题。今早网传的文章我们已经看过了，文章标题耸人听闻，但内容缺乏基本的逻辑和专业的判断，非常具有误导性。刚才提到的文章中笔者自己测算的平均工资，仅仅取期间费用中工资薪酬数据除以公司总人数，其计算过程本身就存在严重的错误，我们在核查财务指标的合理性过程中已经进行了详细分析。达鹏科技与宙峰实业属同一领域，但境内外业务的侧重点各不相同，两家公司收购完成后在市场区域、客户结构、销售模式等方面都可以实现协同与互补，其整合是出于战略发展的长远考虑，即使不考虑宙峰实业的业绩贡献，达鹏科技单独上市也完全满足财务指标方面的要求，根本不存在拼凑业绩一说。目前网络经济下媒体的传播力不容小视，各种评论报道铺天盖地，面对网传文章我们应保持客观的判断和正确的解读。当然，作为公司和保荐机构，有义务也有责任回应公众提出的各种质疑，相信只要是好公司就一定能经得起市场的考验，也能给到投资人相应的回报……”

舒影这么一引导，会场氛围缓和了不少。路演结束后大家回到休息室，舒影问道：“到底是什么人在捣鬼？这几天有没有什么特别的事情发生？”

何平长叹了口气：“从北京回来后，公司的电话就一直响个不停，媒体、投资人，还有各种市场人士，前两天确实有接到电话说是有一篇关于公司的报道发到了邮箱，想约见面谈，文章我看了，对公司的分析一点都不专业，言之无物，也就没再理会。没想到今天一早竟然……”

“确定是同一篇文章？”

“我刚才又仔细看了一下，内容大同小异，只是在标题上做了改动。”

赵树岷靠在沙发上微闭着双眼，一边揉搓着太阳穴，一边说道：“这篇文章我之前也收到过，他们约过我好几次想谈条件我都没见，说直白一些就是想趁着公司在上市这个节骨眼上敲诈一笔。”

舒影说道：“还好这篇文章除标题扎眼之外，基本没有太多实质性的内容，我们会及时跟监管沟通……不过，当下还有紧要的一关要过，就是询价环节。这次的媒体风波事件对公司或多或少都有些负面影响，如果初步询价阶段报价的网下投资者数量不足，将导致本次发行中止。”

舒影的这番话让赵树岷原本还未落地的心又悬了起来。她随即补充道：“当然，投资者询价环节我们会高度重视，前期投资者的认购意向会做全面摸底。”

询价当天，赵树岷在办公室来回踱步，右手握拳，不断捶打在左手的掌心上，时不时地看一下时间，问道：“询价什么时候结束?”

何平回应道：“应该是下午三点，结束后投行应该会联系我们。”

眼看已经过三点了，还迟迟没有接到舒影的电话，赵树岷不免紧张起来，心想该不会是有效报价不足吧。历经千辛万苦，扫清层层阻碍才通过监管部门的审核，可千万不要在发行环节出什么岔子。

时间一分一秒过去，赵树岷和何平焦急地等待着，快到下午四点的时候，赵树岷终于等来了舒影的消息，让五分钟后连线召开电话会议，确定股票发行价格。

电话会议结束后，赵树岷长舒了一口气，说道：“这下终于尘埃落定了。”

何平兴奋地连连点头：“定了定了！上市仪式的流程刚刚已经收到了！致词、敲钟、合影……就等着股票上市了！”

在上市仪式上，赵树岷身着湛蓝色西装，白色衬衫上系着鲜艳的红底条纹领带，一条红色大围巾佩在胸前更是增添了几分仪式感，在媒体的聚光灯下显得格外精神。

“3、2、1……”随着大屏幕上倒计时的结束，达鹏科技在交易所敲钟上市，上市之路终功德圆满，开盘后股票涨幅超

30%，给投资人发了一个大红包，而此时达鹏科技的公司市值已过百亿元。

达鹏科技的上市酒会设在一家五星级酒店，舒影到达签到处时赵树岷正迎面走过来，精神饱满、神采奕奕。道贺完后舒影便进入宴会大厅，这里到处都是熟人：陈安泰、任逢、何平、易秋桔、冯晓婷、许洋、蔡亦丹、王佳、小夏……各个盛装出席差点都快认不出来了，等待这么多年终于盼到公司上市的一天，大家脸上都流露出喜悦之情。当然，在场的还有当地的领导，达鹏科技和宙峰实业的客户、供应商，以及上市的各方中介机构、投资人、企业家朋友等。

上市酒会正式开始了，大家都安静下来。轮到公司董事长赵树岷致词时，一番感人肺腑的发言回忆了这段上市历程。

达鹏科技从启动上市到现在已经过去近七年了，这一路走来，我们经历了中介机构、监管部门的核查，以及同行举报和媒体质疑，我们在不断地证明自己，证明我们的业绩是真实的、业务是符合商业逻辑的。从一开始的信誓旦旦、踌躇满志到困难重重、举步维艰，一次次在坚持与放弃之间艰难抉择。面对上市的种种不确定性我们曾经动摇过、退缩过，甚至中途撤回上市申请，好在所经历的这一切换来今日的成功上市，与各位欢聚于此。

就我个人而言，在上市过程中，夫妻之情、兄弟之义都在不断经受考验。对于股东的短期诉求，我欲极力维护，却常感心余力绌；对于员工的股权激励，惦念辛劳付出，却难以绝对满足；而面对舆论的压力，无奈之余不免也会心力交瘁。上市路上，有彷徨与沮丧，更有收获与惊喜。此刻回过头来看，曾经的每一个片段都让人感动，而这一切只有亲历者才能真正体会其间的滋味。在此，也希望还在上市路上的企业家们得偿所愿，与君共勉！

酒会上舒影拿了一杯红酒，与大家互相道贺，她注意到赵树岷和他太太以及罗劲帆正举着酒杯挨桌敬酒，而赵树岷的小女儿也在一旁嬉戏玩闹，画面看上去如此和谐美好……舒影有些看呆了，突然感觉有人轻轻碰了一下她手中的酒杯，发出一声清脆的声音，原来是顾函。

“还记得第一次去潭柘寺你许下的愿望吗？”

舒影回过神来笑了笑：“希望达鹏科技和宙峰实业一起上市，只可惜……当时应该再加上个期限。”

“真希望一切都能天遂人愿……时间过得太快了，那些旧日时光仿佛就在昨日！”

见顾函如此感叹，舒影有些出乎意料，打趣道：“这可不像以前的你，什么时候开始变得伤感了？”

顾函轻轻地摇晃着酒杯，注视着杯中的红酒漾开的那一圈圈潋滟的波纹，近乎自言自语地说道：“有时候我在想，如果当初我没有去美国现在会怎样。”

舒影的唇角闪过一沫淡淡的笑意，平静地说道：“当初去美国肯定有你的理由，不去，或许将成为一种遗憾，所以……一切都是最好的安排！”

顾函将目光转向舒影，微笑着说：“你……还是以前的你！”

舒影举起酒杯做了个碰杯的姿势：“Cheers（干杯）！”

后　记

资本市场风云变幻，有幸身处其中，总想留下些文字，或许是兴趣使然，又或许是使命所在。在我的理解里这并非纯粹意义上的一本小说，更多的是希望通过小说的形式来复盘企业上市的过程，于我而言，这是总结，亦是指导。每家企业上市的背后都有很多故事，其中也有很多共性的特征，相信经历过上市的企业家、投行人、投资方、媒体以及其他的参与者，都能从书中感受到某些熟悉的场景和这个时代的记忆。

这些年来，“企业上市”、“新股发行”已逐渐进入大众的视野，在资本聚集的城市，随处可见人们谈论股权投资、创业项目的话题，这些看似与人们的日常生活十分遥远，实则已渐渐渗透进人们的生活之中。感谢经济学家何帆老师、广东华商律师事务所何贤波律师、大宇资本董事长卢山为本书作出的评价，希望本书能够为金融界人士、准上市企业以及其他读者提供一些参考。

投行业务本身涉及大量的专业知识，如何让情节的发展易于大众读者的理解是写作过程中最大的挑战，感谢好友王澜、郭丽萍一直以来的鼓励与支持，并为书稿的完善提供了宝贵的建议。

感谢本力老师、张胜强老师以及北京大学汇丰商学院闫璐老师、凌青同学、黎建同学为本书的出版提供的建议和帮助。感谢广东人民出版社责任编辑赵世平主任、赵瑞艳老师，为本书的出版付出的辛劳。

最后，感谢家人一直以来的理解与支持！